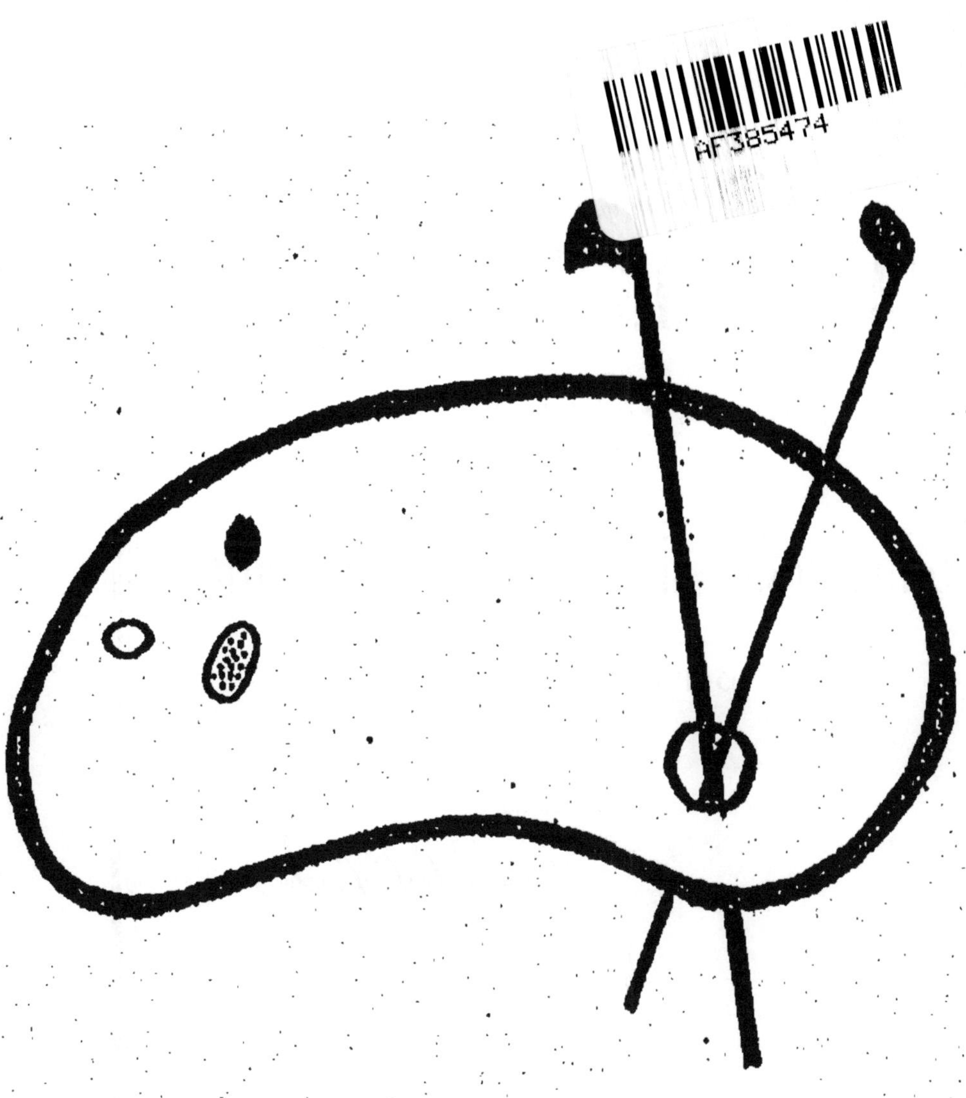

COUVERTURE SUPÉRIEURE ET INFÉRIEURE
EN COULEUR

LE
SALUT DE L'HUMANITÉ

PAR L'ENSEIGNEMENT

DE

L'Université libre de l'Emancipation

(LOI DU 12 JUILLET 1875)

Sous les chiffres par de Kihit.

A LA COLONIE DE LA SANTÉ

(MONT-VALÉRIEN)

Près la gare de Suresnes (Seine)

A PARIS, LIBRAIRIE GÉNÉRALE, BOULEVARD HAUSSMANN, 72

1881

PARIS, IMPRIMERIE DUVAL, 20, RUE D'ARCET

LE
SALUT DE L'HUMANITÉ

LE
SALUT DE L'HUMANITÉ

PAR L'ENSEIGNEMENT

DE

L'Université libre de l'Emancipation

(LOI DU 12 JUILLET 1875)

Sans les œuvres, pas de salut.

A LA COLONIE DE LA SANTÉ

(MONT-VALÉRIEN)

Près la gare de Suresnes (Seine)

A PARIS, LIBRAIRIE GÉNÉRALE, BOULEVARD HAUSSMANN, 72

1881

Tous droits réservés

Le Salut de l'Humanité résulte de la logique rigoureuse de l'esprit humain, émancipé par la Raison universelle du cœur, en face d'un monde perdu par l'égoïsme. — Pour l'affirmation de son Œuvre, le soussigné déclare en être l'auteur en toute son âme et conscience, en toute raison réfléchie et toute science positive.

Hureaux.

TABLE DES MATIÈRES

L'Humanité dans la marche des Ages. — Causes de sa crise actuelle... 1

Le Cataclysme de la Société moderne... 8

Le Salut par l'Emancipation humaine... 11

L'Institut de l'Emancipation humaine... 15

L'Université libre de l'Emancipation en trois Facultés libres 19

La Faculté de la Science universelle de Vie (Faculté libre des Sciences)... 24

La Faculté libre de Médecine Domestique Naturelle. — Exposé des motifs de sa création. — Suite de l'Exposé des motifs. — Prolégomènes sur la Renaissance de l'Art de guérir.. 38

Les Bienfaits de la Vulgarisation de la Médecine Naturelle par son enseignement dans la nouvelle Faculté de Médecine... 47

La Faculté de Droit universel... 53

Le Remède à la Maladie Morale. — La Solidarité sociale et humaine. — Loi suprême de l'Humanité Majeure. — La Loi suprême de Solidarité sociale garantie par elle-même dans son intégralité. — Dogme de Morale sociale majeure. — Code de Morale sociale majeure. — Sanction disciplinaire de la Morale sociale majeure. — Moralisation sociale majeure... 58

L'Emancipation humaine... 72

I. Emancipation morale. — II. Emancipation intellectuelle. — III. Emancipation physique. — Résumé de l'Emancipation humaine... 72

Les Vertus majeures de la Liberté ou de l'Emancipation.... 81

Les devoirs et les charges de majorité sociale........... 84

Aux Travailleurs dans le réveil à la conscience de la Liberté 89

La Colonie modèle de Renaissance sociale............... 97

    Organisation majeure du Travail dans la Colonie modèle. — Les Unités Travailleuses ou Pairies du Travail. — Fonctionnement des Unités travailleuses. — Raison de la prospérité et des grandes richesses traditionnelles des associations de Gain et de Bien, instituées en Colonies de Renaissance sociale. — Le Ciel sur la terre dans l'Humanité majeure, pour les justes déshérités des Biens du monde. — Délivrance et Conso ation................ 101

Aperçu synthétique de l'Œuvre universelle de Salut........ 119

Invitation aux Personnes de cœur et de saine raison à coopérer à l'Œuvre universelle de Salut................ 120

Le Jugement général des Consciences devant l'Œuvre de Salut de l'Humanité................................ 123

Constitution de l'Œuvre universelle de Salut............. 129

    Direction Morale de l'Œuvre universelle de Salut. — Cadre du Conseil de la Direction morale. — Direction exécutive de l'Œuvre universelle de Salut................... 129

Avertissement final................................ 133

LE SALUT

DE

L'HUMANITÉ

L'HUMANITÉ DANS LA MARCHE DES AGES

Cause de sa crise actuelle

Pour comprendre l'ŒUVRE DE SALUT, il ne faut pas confondre l'Humanité avec le Monde.

L'Humanité et le Monde sont deux états sociaux qui diffèrent essentiellement dans les conditions de leur existence réciproque.

Le Monde est une agglomération incohérente de peuples et d'Etats, gouvernés par la force, la dissimulation, sous toutes les formes et dans toutes les ruses de l'égoïsme et de la politique, enfin divisé éternellement par l'antagonisme des intérêts.

L'Humanité est l'être social collectif, un et indivisible, organisé sur la Loi et les Principes de la Vie morale éternelle, ayant sa base et ses racines dans le monde matériellement constitué, comme l'arbre vivant a les siennes dans le sol végétal.

Le Monde et l'Humanité confondus ensemble constituent la *Société moderne*.

1

La *Science Universelle de Vie* nous révèle positivement dans son essence et sa raison absolue, la Loi des Humanités, Loi souveraine de la Vie Véridique, dont la violation est la cause de tous les maux, et l'observance la source de tous les biens.

Cette Loi suprême, dont la Société traditionnelle de Moïse et de Jésus est une manifestation *imparfaite*, s'accomplit en quatre phases évolutionnaires, et donne lieu aux quatre Ages ;

Au premier Age : à l'Humanité *embryonnaire*, dont l'existence fœtale a eu lieu au sein de la nation Israélite, depuis Moïse, jusqu'au temps du Messie ; c'est le MOSAISME ;

Au deuxième Age : à l'Humanité *Mineure* ou Société Chrétienne, depuis Jésus-Christ jusqu'à nos jours ; c'est le CHRISTIANISME ;

Au troisième Age : à l'Humanité *Majeure*, arrivant en notre siècle sous l'action évolutionnaire de la Loi dans sa phase de *Solidarité Sociale*, au souffle nouveau de l'Esprit de liberté et de justice ; c'est le SOLIDA-RISME ;

Enfin, au quatrième Age : à l'époque future où l'Humanité arrivera à la maturité spirituelle, qui sera le SPIRITUALISME.

D'autres régions de la terre, à des époques anté-historiques, ont eu aussi leur Humanité, qui a succombé sous le despotisme des chefs, et qui est aujourd'hui éteinte et dégéné ée en fanatisme politique et religieux. Nous en faisons mention ici pour tâcher d'éviter cette destinée fatale, dont nous sommes mé-nacés.

Ce qui doit nous intéresser absolument aujourd'hui, c'est le passage actuel de notre société mineure à l'état de société majeure, qu'il n'a pas été donné à l'humanité des peuples asiatiques de voir.

La Loi et les Principes de notre Société chrétienne ont parcouru les temps de leur évolution mineure.

Pour bien faire comprendre ce que nous avons à exposer brièvement, nous allons rappeler l'évolution mineure que vient de parcourir notre humanité chrétienne.

Il y a dix-neuf siècles, au terme de son existence fœtale, l'Humanité sortait de la Nation Juive pour naître à la vie universelle des peuples nouveaux par l'Evangile.

L'enseignement messianique, fait au nom du Père Céleste, avait lieu pour *accomplir* la Loi de Moïse. La tradition de la société morale ou divine, se trouve intégralement observée dans le passage de son existence embryonnaire à l'âge d'enfance ou de minorité.

A la parole du Christ et aux termes de la parole de soumission qu'il adresse à son Père Céleste, la Société Chrétienne se constitue par voie d'autorité, sous la protection de Dieu, le père, ou Providence divine.

L'existence de la chrétienté se poursuit durant des siècles sous la tutelle des Pères de l'Eglise, dans la soumission à la Foi.

Quelle était, pour la conduite de la vie, le caractère moral de l'Humanité durant l'évolution de son Age mineur ? C'était en action la morale d'enfance, la Loi d'amour, la Loi de Jésus qui disait : « Laissez venir à moi les petits enfants. » — La Loi de tendresse du père pour ses enfants, des enfants pour leur père, des frères pour leurs frères. — La Loi de Jésus qui disait aux gens du peuple : « Aimez-vous les uns les autres comme des frères ; car vous êtes tous frères ; moi-même qui suis fils de Dieu, je suis votre frère, et nous avons tous le même Père qui est au Ciel, et nous avons tous une commune origine et des destinées communes.

« Perfectionnez-vous par le sacrifice de vos défauts. Acceptez les souffrances comme un moyen d'expiation et de purification ; car vous avez péché contre la Loi de Dieu. Par vos péchés vous êtes tombés de la vie morale de liberté dans l'esclavage de tous les maux. Vous remonterez à la vie éternelle du ciel par votre renoncement aux vanités et à l'égoïsme de ce monde de larmes. »

Pour l'affirmation de son Évangile, le Christ prend la voie terrible du Calvaire.

La parole et l'exemple du Messie (objet d'admiration éternelle et d'épouvante !) ouvraient la voie à la rédemption humaine par le sacrifice du vieil homme, et étaient l'acheminement à l'élévation future de l'homme nouveau aux vertus majeures de l'émancipation et de la délivrance par l'Esprit de liberté et de justice.

Le terrible sacrifice, appelé par le monde *folie de la croix*, parce qu'il ne peut le comprendre, préparait la conquête, non d'une royauté étroite et bornée que donne la succession des empires, mais de la Royauté Spirituelle de l'Univers, de la Souveraineté physique, intellectuelle et morale de soi-même, la première des Souverainetés.

Les premiers chrétiens offraient un modèle de perfection humaine, dans la pratique des vertus de l'âge mineur : une soumission filiale accomplie, sous les plus vives sollicitudes d'une autorité toute paternelle.

Après une courte marche ascendante de la Chrétienté au souffle libérateur de l'Evangile, le mouvement progressif s'arrête sous l'action rétrograde de l'autorité ecclésiastique, qui dégénère en despotisme.

La Société Chrétienne, très-faiblement et incomplètement constituée, pour des raisons exposées ailleurs, se développe avec une langueur extrême, sous l'oppression de ses Tuteurs qui livrent au feu et à la torture les plus courageux Défenseurs de l'Evangile Véridique.

Nous traversons 15 à 16 siècles et nous voici à l'âge critique de puberté de la jeune Société, qui va bientôt après passer majeure!

Comme tous les êtres animés de la création, la Société Chrétienne est un être organique vivant, passant par toutes les phases évolutionnaires de l'existence physiologique. A mesure qu'elle croît en âge, elle progresse et achève de se constituer.

Semblable à une fille qui arrive à l'âge nubile, insensiblement l'esprit vient à la jeune société; des symptômes nouveaux se révèlent, son intelligence collective saisit les rapports des choses qu'elle ne comprenait pas naguère. Sa raison se montre et s'exerce. Elle observe, elle cherche, elle examine. Elle veut se rendre compte. L'ignorance cède la place à l'examen.

La foi puérile et aveugle ne suffit plus aux chrétiens, fils de l'Evangile émancipateur. La Philosophie est interrogée; l'histoire est consultée.

De ce mouvement général de curiosité et de recherches surgit le principe d'une grande révolution intellectuelle; c'est l'avènement des sciences analytiques, qui préparent un examen universel de conscience.

Grâce à ce nouveau moyen d'investigation, on sonde toutes les profondeurs, on découvre les principes ; on dissipe les ténèbres accumulées par les siècles autoritaires ; on dévoile l'erreur et le mensonge ; on met à nu les vices sociaux, qui sont devenus la base d'abus et d'intérêt criminel. La critique est à l'ordre du jour.

L'autorité cléricale est en émoi. Elle se sent menacée dans son existence. Elle oppose des digues aux débordements de la critique. A la libre pensée et à la liberté de conscience, elle prétend opposer son absolutisme.

Nous voilà bien loin de l'esprit évangélique qui prescrit de préparer les voies à l'émancipation humaine, à notre délivrance du mal et de la servitude de nos péchés, par le sacrifice de notre égoïsme, source de tout mal et de tout péché.

Au lieu de proclamer l'émancipation de l'esprit humain et l'évolution majeure de la chrétienté, le chef de la chrétienté fait décréter l'infaillibilité de sa personne ; en d'autres termes, la perpétuité de l'esclavage des âmes et de la servitude des esprits, condamnés à marcher éternellement à la remorque du despotisme spirituel, fétichisme des dévots fanatisés.

Par ce décret impie de l'infaillibilité, on viole la *Loi* divine et humaine, on supprime d'un coup les comptes de tutelle à rendre. Au lieu de marcher vers l'avenir glorieux de l'humanité majeure, le chrétien dégénéré s'ensevelit dans le linceuil du passé !

C'est le dogme fatal de la déchéance éternelle de

l'Humanité, sans aucun espoir de salut et de réhabilitation sur la terre, s'il n'est invalidé par la
SCIENCE UNIVERSELLE DE VIE, de laquelle relèvent
toutes les puissances du ciel et des enfers !

Sous l'empire de la prétendue infaillibilité papale,
voilà l'homme de la terre condamné à une éternelle
servitude ! L'avenir se ferme devant lui sans espérance ! La Société Chrétienne, au lieu de progresser
dans les voies ascensionnelles de la grande végétation
humanitaire, sous l'étendard glorieux de la souveraineté divine et humaine réunies en l'homme, reste
comme un troupeau de bêtes parquées dans l'ignorance et la servitude, sous la houlette des pasteurs !

Mais les puissances ennemies de l'éclosion de la
Foi Catholique à la Science Universelle de Vie, ne
parviendront pas à arrêter le grand mouvement
d'émancipation imprimé à la conscience des peuples
chrétiens ; car la Justice Eternelle, à ses heures,
déjoue les méchants qui veulent asservir les justes à
leur domination.

Un trouble profond, terrible, inquiète et ébranle la
société moderne. Ce trouble vient de la perturba-
tion apportée par l'autorité ecclésiastique dans
l'évolution physiologique de l'être social, évolution
pacifique de la nature quand elle n'est pas contrariée, qui doit nécessairement s'accomplir sous peine
de la vie, et dont l'empêchement criminel menace
aujourd'hui l'existence même de l'Humanité agonisante, dans un *Cataclysme* moral.

LE CATACLYSME DE LA SOCIÉTÉ MODERNE

Le Cataclysme moral, qui submerge actuellement le monde, est le résultat des entraves apportées à la crise de la société chrétienne, arrivant à l'âge de puberté, et tourmentée du besoin absolu de se purger de son ignorance enfantine, de ses erreurs, de ses défauts et de ses vices économiques, par le fonctionnement de la libre pensée et de la liberté de conscience.

La Loi et les Principes de l'Evangile ayant épuisé leur action vivifiante et moralisante durant leur évolution *mineure* de la société chrétienne ; et cette même loi et ces mêmes principes étant encore ignorés dans leur évolution *majeure* de l'Emancipation humaine, il en résulte pour notre époque si tourmentée de transition, qu'il n'y a plus de loi ni de principes ; que la morale des temps de minorité humaine n'existe plus, et que la morale de l'Humanité Majeure n'existe pas encore.

C'est pourquoi l'équilibre social est rompu.

Tout se lézarde et s'écroule.

Il n'y a plus de principes de sociabilité, plus de loi morale, plus de chrétienté, plus d'humanité.

L'égoïsme inhumain est devenu la loi suprême du temps. C'est à celui qui trompera et dévorera l'autre.

La Religion est usée dans tous ses ressorts. Les temps ne sont plus à la confiance ni à la foi.

La charité et l'aumône sont devenus des moyens de domination ou de vanité.

Les vertus chrétiennes ne sont plus qu'un mot.

Les nobles et royales vertus se sont éteintes avec la royauté et la noblesse.

Il n'y a plus de Providence. L'humanité n'a plus de Dieu pour la conduire, et n'a pas encore la Raison, ni la Science de Vie pour se diriger elle-même dans le présent et l'avenir.

Les pouvoirs politiques eux-mêmes ne sont plus aux mains des hommes, qui n'en connaissent pas encore le maniement majeur.

Nous sommes dans la confusion de la dégénérescence sociale et religieuse.

La créature humaine est en plein état de perdition : son corps est étiolé par la maladie; son esprit est enseveli dans le linceul de l'ignorance, des préjugés et du fanatisme ou d'un scepticisme systématique; son caractère est affaissé sous l'appas des jouissances et des richesses, ou écrasé sous le poids de la misère; sa conscience est éteinte au sens moral universel; son âme est morte à l'espérance !

A côté de cette génération malheureuse, surgit une jeune génération avec moins encore de respect pour la famille, pour le travail, pour la propriété et pour la justice, s'avançant, menaçante comme l'ange exterminateur de l'écriture, pour l'expiation des crimes du monde — du monde usé et fini, qui prend toutes les apparences de la vertu pour cacher ses vices incurables, qui présente le mensonge sous le nom de vérité, l'iniquité sous le nom de justice, l'ignorance sous le nom de science, le désordre sous le nom de l'ordre, le renversement sous le nom de conservation, le crime sous le nom de gloire, la ruse sous le nom de bonne foi, la barbarie sous le nom de civilisation, les devoirs dénaturés sous le nom d'honneur, l'esclavage sous le nom de liberté, la domination sous le nom de service rendu, la mort morale sous le nom de siècle des lumières !

Dans son renversement des choses et son bouleversement, la société moderne nous offre le spectacle terrible de sa propre destruction par les forces qui l'animent encore : par la force armée, par l'autorité, par les pouvoirs, par les lois, par la propriété, par la famille, par le travail, par la patrie, par la religion, par la science, par la civilisation, par le progrès lui-même, par les conquêtes du génie de l'homme ; tout pousse à l'effondrement général, à une fin du monde !

Ce tourbillon formidable, qui menace de tout engloutir, c'est la Justice des temps.

La société morale est agonisante : pour les âmes il n'y a plus de foi, plus de ciel, plus de Dieu.

Plus rien n'est solidement debout que le culte du veau d'or et que l'idolâtrie de soi-même.

Les Vertus mineures du passé n'existent plus.

Les Vertus majeures de l'avenir n'existent pas encore.

Nous sommes suspendus au-dessus de l'abîme entre un monde qui n'existe plus et un monde qui n'existe pas encore.

Qui sauvera l'Homme du cataclysme ? La Science Universelle de Vie éclairant son esprit de la lumière nouvelle, et l'élevant à la hauteur de sa propre Emancipation :

Voilà le Salut.

LE SALUT PAR L'ÉMANCIPATION HUMAINE

Le Salut est pour les personnes qui se sauveront elles-mêmes par leurs propres efforts, par la lumière nouvelle et le courage, dans l'affranchissement de la maladie, des préjugés de l'esprit, de la foi aveugle et de la fausse morale du monde ; enfin, dans la conquête des mâles vertus de la liberté et de la raison passée majeure.

La Salut de l'Homme est dans la souveraineté physique en son corps, dans la souveraineté intellectuelle en son esprit, dans la souveraineté morale en sa conscience.

Le Salut est pour l'homme prêtre, médecin et directeur de sa personne.

La souveraineté physique, intellectuelle et morale de l'homme en lui-même, voilà l'idéal et le but à atteindre par l'Humanité Majeure à venir, véritable Catholicisme éclos à la Science Universelle de Vie, accomplissant la Loi de Moïse et de Jésus dans sa nouvelle et ascendante Évolution.

Le salut ne peut être pour la vieille société agonisante, formée de l'amalgame des puissances du monde avec le cléricalisme réfractaire, tombé sur l'arène politique.

Comment pourrait encore se sauver une société qui empoisonne les cœurs de son égoïsme constitutionnel, aveugle les esprits de son ignorance et rend le corps humain tributaire permanent de la maladie.

Sous les chaînes dorées de l'opulence, comme sous les écrous de la misère, toute créature humaine, esclave d'elle-même et de ses dominateurs, sans boussole et sans pilote, en ce monde bouleversé par la tempête, périra inévitablement dans le naufrage commun, si elle ne s'en détache comme l'âme du corps qui expire, et si elle ne saisit la planche de salut qui lui est aujourd'hui tendue.

Un monde fini s'en va, mais un monde nouveau arrive.

L'univers tressaille aux angoisses d'une agonie et aux douleurs d'un enfantement : l'agonie d'une société succombant à son mal ; l'enfantement laborieux d'une Humanité Nouvelle !

L'Humanité nouvelle qui surgit du fond des consciences, et pour laquelle la terre s'enrichit de toutes les conquêtes du génie humain, cette Humanité glorieuse n'est ni pressentie ni comprise du vieux monde, qui trouve la mort en ne la comprenant pas.

Le monde subit la Justice des Temps dont l'heure sonne !

La mort est un acte de Justice Suprême, qui prive de l'existence l'être en qui la Loi physiologique de la vie cesse de s'accomplir.

Or, la *Loi Morale de Solidarité Humaine* est rigoureusement la loi physiologique du corps social.

Où en est aujourd'hui cette Loi Divine, qui la reconnaît, qui la pratique en ce temps ?

Que sont devenus les devoirs et les droits d'humanité dans ce monde descendu au plus bas de la vie matérielle, tombé dans la léthargie des âmes, dans les divagations de l'esprit, dans la perte de la raison et dans la mort de la conscience à la morale universelle ?

La vieille société, éteinte aux sentiments d'humanité, subit le sort réservé aux condamnés de la Justice éternelle. N'est-elle pas déjà livrée aux horreurs d'une pleine décomposition morale, qui la consume comme le cadavre dans son cercueil.

Quel terrible sort n'est-il pas réservé à ceux qui ne sentiront pas et ne comprendront pas ces avertissements! Le sort inévitable qui les attend, c'est le fanatisme politique et religieux, abîme insondable d'esclavage et de souffrances, qui ne rendra ses victimes à la liberté qu'après la consommation de nouveaux siècles expiatoires.

Les gens du monde n'entendront pas ce langage de Justice et de vérité absolues.

Les morts n'entendent plus.

Mais vous, lecteurs réveillés à la conscience de la morale et de la justice universelles, vous entendrez. Vous vous recueillerez ; et, comme dans la nature, de la mort vous ferez renaître la vie, d'une société finie une société nouvelle, par votre concours et votre participation à l'ŒUVRE DE SALUT.

Le Salut n'est pas pour le monde, ni pour aucune de ses institutions, ni pour ses prétendues conquêtes politiques. L'histoire contemporaine et les faits du jour nous apprennent assez que ces libertés, conquises par quelques peuples, au prix des plus cruels sacrifices, ne sont pas encore la Liberté ni l'Emancipation Humaine.

Peut-on dire que les citoyens des Etats où règne la liberté politique soient des hommes véritablement libres et doués des vertus majeures de l'Emancipation ? — Ne sont-ils pas encore plongés dans un esclavage plus profond que l'esclavage politique : l'esclavage d'eux-mêmes par eux-mêmes, sous la domination aveugle de leur propre ignorance, de leurs vices et de leur vanité, de leur égoïsme âpre et sauvage qui les fait se dévorer mutuellement, enfin de tous les préjugés et de la fausse morale du monde.

Avoir conquis les libertés publiques n'est que le premier pas vers l'Emancipation Humaine. Là n'est pas encore le Salut.

Le second pas à franchir est la conquête plus difficile de soi-même et des vertus majeures de la liberté.

Le danger le plus redoutable est dans les institutions du passé, dans les corporations, dans la monopolisation des industries et du capital, qui nous persécute jusque dans les moindres détails de la vie privée; dans les professions dites libérales, qui s'organisent en puissances despotiques et ourdissent une conspiration générale contre nos libertés personnelles, contre la lumière libératrice, contre tout progrès moral, contre l'Humanité dans sa crise terrible de transformation.

Le SALUT est dans la création d'institutions nouvelles, dans l'*Institut de l'Émancipation Humaine* qui va nous donner la clef des réalisations progressives, au sein des futures Colonies de l'Humanité majeure.

L'INSTITUT DE L'ÉMANCIPATION HUMAINE.

Les germes d'Emancipation humaine et de liberté, semés dans le monde par l'Evangile, et trop souvent arrêtés dans leur développement par tous les genres de despotisme, ont produit la civilisation occidentale.

Dans sa marche plus autoritaire que libérale, l'état de civilisation actuelle décrète lentement et comme à regret l'émancipation des peuples, sans avoir pris soin de les préparer à ce grand événement de vie sociale majeure.

Ces peuples prétendus libres, mais restés esclaves de l'ignorance et des préjugés, privés des vertus de l'éducation émancipatrice, non-seulement ne connaissent pas la valeur, l'étendue et la limite de leurs droits nouveaux, qu'ils gaspillent en luttes politiques insensées, ils ignorent complètement les devoirs et les charges de majorité sociale, qui ne leur ont regrettablement jamais été enseignés.

Une grande nation, comme la France, prétendûment émancipée par la République, ne s'élèvera pas à la hauteur de sa nouvelle condition et de son nouvel état, sans des exemples assez nombreux de vertus sociales majeures, nécessaires à un peuple libre.

Les vrais et bons citoyens n'existent pas en assez grand nombre pour imprimer aux masses une saine direction, et rendre effective une émancipation décrétée seulement en principe.

Les hommes manquent donc; il faut les faire au moyen d'une éducation nouvelle, qui viendra combler les lacunes de l'instruction mineure du passé.

Le caractère de *l'enseignement moral* nouveau est d'être *scientifique*, avec toute l'autorité de la SCIENCE UNIVERSELLE DE VIE, science positive, exacte, mathématique, absolue, propre à la maturité des esprits et des consciences libres.

Le premier effet de cet enseignement émancipateur sera de faire avec les hommes de cœur et d'entendement un rempart contre le débordement des maux nés de l'égoïsme, qui réduit le monde au dernier degré de comsomption et de décomposition.

Notre état de crise transformatrice ne montre-t-il pas un redoutable symptôme, remarqué de tous les observateurs : dans les masses se produit un affaissement physique, intellectuel et moral; le corps s'affaiblit, l'intelligence baisse, la conscience s'efface. La maladie se multiplie, l'incapacité fait invasion, l'égoïsme, cause de tous nos maux, exerce ses ravages jusqu'à pleine décomposition sociale. Voilà ce que chacun déplore en particulier et que personne ne combat en commun. La crise d'enfantement d'un monde moral nouveau, élaboré par de longs siècles, menace de dégénérer en œuvre de mort.

Dans cette fermentation sociale en dégénérescence, les esprits les plus progressifs eux-mêmes semblent fléchir au passage critique de l'Humanité mineure à l'état d'Humanité majeure.

En face de ce dépérissement qui menace l'avenir de l'humanité, l'indifférence et l'inaction deviennent une complicité coupable de la situation. La faiblesse de l'isolement n'est même pas excusable, car l'association offre à chaque individu le faisceau de la puissance. La lutte *collective* sur la brèche est devenue un devoir absolu de solidarité humaine.

Pour nous soustraire à la décomposition moraledes temps accomplis de minorité humaine, il nous faut conquérir par les vertus majeures de la liberté, notre propre souveraineté physique, intellectuelle et morale.

Ne sommes-nous pas bien loin de cette triple souveraineté; puisque nous sommes encore assujettis aux médecins pour nous diriger dans la maladie,

Aux prêtres pour nous diriger dans notre conscience,

Et à l'Autorité pour nous gouverner dans notra raison et nos intérêts.

Est-ce dans de telles conditions que l'homme peut se dire majeur?

L'Homme de notre temps est encore un Mineur au maillot, enveloppé de langes qui le cerclent et lui empêchent les libres mouvements du corps, la libre pensée, les pures élévations de la conscience.

De l'abime d'esclavage, d'ignorance et d'égoïsme antihumain où nous sommes tombés et enchaînés, comment nous relèverons-nous à la vie morale de liberté, de lumières et d'Humanité?

L'heure des siècles sonne pour l'Emancipation supérieure des hommes assez forts pour en porter le fardeau et les devoirs.

Aspirants au triomphe de l'Evangile véridique, qui devait être la préparation libérale et paternelle à l'avènement de l'Humanité majeure, voulez-vous vous émanciper en vérité, et faire acte de citoyen libre de l'Univers, devenez vous-mêmes votre prêtre, votre médecin et votre guide en toutes choses, sous la seule autorité de la Science et de la Morale universelles. Nous vous en apportons aujourd'hui les moyens.

Ces moyens de délivrance sont dans l'INSTITUT DE l'EMANCIPATION HUMAINE, Société de l'Œuvre Universelle de Salut, qui prend à tâche de fonder l'*Université Libre de l'Emancipation*, pour nous affranchir :

1º Des *Etudes classiques* qui font dévier fatalement l'esprit humain ;

2º De la *Corporation médicale*, devenue fatale à la santé publique ;

3º Enfin, du *Despotisme religieux*, imposant une fausse morale à la conscience.

Sous l'empire de ces trois formes de despotisme, l'homme s'étiole à perpétuité dans l'absence de toute raison virile, dans la souffrance de la maladie, dans les absurdités puériles de la foi.

Le corps, la pensée et la conscience, ainsi devorés par tous les appétits insatiables de l'égoïsme autoritaire, seront sauvés par l'UNIVERSITÉ LIBRE DE L'EMANCIPATION, au moyen des trois Facultés Libres qui la constituent, et qui correspondent aux trois conditions essentielles de l'Emancipation Humaine, comme on le verra plus loin.

UNIVERSITÉ LIBRE DE L'ÉMANCIPATION EN TROIS FACULTÉS LIBRES

L'esprit humain se perpétue à l'état de *minorité* par l'instruction autoritaire qu'il reçoit;

Les races humaines *dégénèrent* par la médecine contre nature des écoles officielles;

La conscience *se frelate* sous le despotisme religieux.

Ces trois formes de dégénérescence tiennent de l'enseignement universitaire régnant, qui restera toujours asservissant malgré ses apparences de libéralisme.

Ne pouvant avoir la prétention ni la pensée de supprimer l'Université de France, pas plus qu'aucune autre institution existante, la Société de l'Œuvre de Salut prend à tâche de fonder une Université nouvelle, *Université Libre*, pour l'émancipation physique, intellectuelle et morale de l'homme.

L'enseignement clérical, qui a détourné la Société chrétienne de son but, ne fait que des esclaves ou des despotes, au lieu de faire des citoyens libres et justes.

De son côté, l'enseignement laïque, au lieu de faire des hommes aptes à l'existence collective, ne fait que des personnalités égoïstes, ne comprenant que l'individualisme, négation de la Loi de Solidarité humaine et sociale.

Mais l'Université Libre de l'Emancipation enseignera la Personne Universelle, l'Homme-Humanité, l'Unité Divine et Humaine procédant de la Loi suprême de Solidarité, de laquelle découlent tous les devoirs et les droits d'Humanité, et qui est le principe absolu de la seule et véritable religion.

L'Université Libre de l'Emancipation, par la lumière nouvelle de la Science universelle de vie, fera contrepoids aux pouvoirs qui se perpétuent sur le monde, à la faveur de l'ignorance et du fanatisme, dans lesquels ils ont malheureusement plongé les masses, au lieu de les avoir élevées et préparées à la pratique de la Liberté, de l'Esprit de Justice et de leur propre Souveraineté, comme c'était leur devoir absolu.

L'Université Libre de l'Emancipation est la réponse effective à la grande question de l'Enseignement posée entre le passé et l'avenir, entre l'esclavage et la liberté. Elle est la revendication vivante des droits de majorité humaine, à la lumière nouvelle de la Société Universelle de Vie.

Le temps est venu de nous affranchir nous-mêmes la conscience de la fausse morale inventée par l'égoïsme de la domination ;

De nous émanciper l'esprit étiolé par le despotisme spirituel ;

De nous délivrer le corps de la maladie perpétuée par l'autocratie des corporations médicales.

L'avènement de la Science Universelle de Vie nous impose désormais le devoir de notre propre Emancipation physique, intellectuelle et morale. Il n'y a pas de milieu : ou la souveraineté de nous-même, ou notre rechute dans l'abime de tous les esclavages

et de toutes les formes de despotisme. Nous sommes
à une de ces heures suprêmes des temps, où les
jugements de notre conscience deviennent notre
récompense ou notre condamnation, pour un nouveau cycle de siècles, dans le cours infini de la vie
éternelle dont notre âme immortelle porte le fardeau
redoutable.

La culture de la Science souveraine, qui fait
l'homme prêtre, directeur et médecin de lui-même,
résout le problème de l'Instruction Emancipatrice
de l'avenir, et nous montre les lacunes de l'enseignement libre moderne, encore dépourvu de la Loi et
des grands principes de Morale Majeure à opposer à
l'enseignement autoritaire du passé.

Il ne suffit pas de développer et d'ouvrir l'intelligence aux perspectives de la libre pensée, il faut
aussi former le cœur de la jeunesse aux devoirs nécessaires de la Loi suprême de Solidarité Sociale et
Humaine.

L'instruction *libératrice* triomphera seulement de
la domination du passé, de l'égoïsme de la civilisation, de la maladie, de l'état de minorité des esprits,
quand son programme offrira le triple enseignement
de la Science Universelle de Vie, de la Médecine
Domestique Naturelle, et du Code Moral de l'esprit
chrétien passé majeur.

Les écoles, ainsi élevées à la hauteur du mandat
sublime, qu'elles ne peuvent tenir que de la Science
souveraine, seul principe d'autorité de l'homme libre, auront pour tâche glorieuse de faire des hommes nouveaux, des hommes supérieurs, aux mâles
vertus de la Liberté, qui seront la sauvegarde de
l'Humanité à venir.

Car, sans les vertus majeures de l'émancipation, en d'autres termes, de la solidarité humaine et sociale, autant que sans l'esprit délivré des préjugés de l'ignorance : pas de progrès moral possible, mais fatalement décomposition dans les dégradantes servitudes du fanatisme politique et religieux. Et, sans les généreuses vertus républicaines : pas de République possible, mais partout organisation despotique des forces vives qui restent à la société. — Entre le règne actuel de l'égoïsme et la République véritable, il y a incompatibilité absolue. Il nous faut donc, par une éducation nouvelle, former des hommes aux vertus républicaines, si nous voulons le triomphe de la République, c'est-à-dire de l'Humanité Majeure.

C'est pour arriver à cet enseignement de la délivrance que l'Université Libre du Mont-Valérien établira des types d'instruction majeure dans ses trois Facultés, dont il est question plus loin.

La coopération de toute personne de cœur et de haute raison n'est-elle pas bien nécessaire à l'Œuvre de Salut, par la création de l'unique et réelle *Université* dont profitera la société future.

Travaillons pour nos fils, comme nos pères ont travaillé pour nous. Ce devoir de réciprocité est un devoir rigoureusement démontré par la Loi de la vie universelle, dans la chaîne de l'Humanité qui relie les siècles.

Le prix de notre commune initiative dans l'œuvre de solidarité des temps, sera pour les générations à venir de pouvoir vivre exempts des servitudes terribles de la maladie, de l'ignorance enfantine et des préjugés qui dévorent notre époque, et d'être plus justes, plus humains et meilleurs que nous, sous les prérogatives inestimables de l'Emancipation humaine.

L'Université libre de l'Emancipation forme trois ordres d'enseignement, correspondant aux trois conditions essentielles d'Emancipation Humaine : affranchissement *Physique, Intellectuel* et *Moral* des aspirants sincères et mûrs à l'Esprit nouveau de Liberté et de Justice.

Chacun de ces enseignements supérieurs donne lieu à une Faculté Libre, d'ou résulte la création de trois facultés nouvelles :

La *Faculté de la Science Universelle de Vie* pour affranchir l'esprit humain de son état de minorité.

La *Faculté de Médecine Domestique Naturelle* pour affranchir notre corps de la maladie.

La *Faculté de Droit Universel* pour affranchir notre conscience de toute fausse morale.

Ces trois nouvelles Facultés constituant l'UNIVERSITÉ LIBRE DE L'ÉMANCIPATION établiront les principes de Raison, de Santé et de Morale dans leur Evolution Majeure, pour élever l'homme à la souveraineté divine et humaine, et faire l'homme : *Aldivir.*

FACULTÉ DE LA SCIENCE UNIVERSELLE DE VIE

(Faculté libre des Sciences)

La Science Universelle de Vie repose sur quatre bases cardinales : l'Analyse Universelle, la Synthèse Universelle, l'Art et la Conscience essentiellement universels.

La SCIENCE qui vient éclairer le monde d'un jour nouveau, est la Physiologie comparée de l'Homme et de l'Univers, dans la nature physique et dans la nature divine, et donne lieu à l'équation primordiale: Unité physiologique fonctionnelle de l'homme *égale* Unité physiologique fonctionnelle de l'univers.

L'équation existe et se perpétue en fonctions parallèles infinies entre l'homme et l'univers, abstraction faite de la durée et de l'étendue, et de la forme des organes.

Il résulte de là, tout d'abord, que les sciences métaphysiques trouvent leur base de certitude et de précision, comme les sciences physiques elles-mêmes.

La Science Universelle nous révèle la Loi et les Principes immuables de Vie morale et physique, l'Art de constituer l'humanité majeure, d'entretenir la vie du corps et de l'âme, c'est-à-dire la véritable Société, la véritable Hygiène et la véritable Morale : RAISON, MÉDECINE, RELIGION de vérité éternelle.

La Science Universelle de Vie embrasse toutes les
conditions de l'existence, depuis le terre-à-terre de
la vie matérielle jusqu'aux régions les plus élevées
de l'âme divine. Elle comprend dans sa Synthèse
Universelle tous les temps et tous les âges, l'espace
et l'immensité, tous les êtres et toutes les choses,
Dieu et les hommes, tous les mondes dans toutes
leurs évolutions, depuis l'abîme du chaos jusqu'à
l'unité divine et humaine, depuis les barbaries du
despotisme jusqu'aux gloires de la liberté, depuis les
crimes de l'égoïsme jusqu'aux plus hautes vertus de
la solidarité humaine et sociale.

Dans ses recherches spéculatives des vérités supérieures, la Science de Vie trouve son critérium de
certitude absolue dans toutes ses équations figurati-
vement géométriques, découlant de l'équation
primordiale posée entre les deux termes : Homme
$=$ Univers.

De la résolution de ces problèmes tout mathématiques surgit la lumière nouvelle entre le monde
physique et le monde divin, entre l'homme et l'univers, entre l'homme matériel et l'homme spirituel,
entre l'univers physique et l'univers divin.

La nature physique est le miroir dans lequel se
reflète la nature divine en figures exactes et récipro-
quement ; l'homme est le miroir dans lequel se
reflète l'univers en figures analogues et *vice versà*.

C'est pourquoi la Science Universelle est dite spéculative, du mot *speculum* ou miroir.

La faculté nécessaire à la Science Spéculative universelle est l'Imagination, faculté de percevoir les
images dans les miroirs de l'esprit, par lesquels se
résolvent ses théorèmes.

L'Imagination qui passe adulte et nubile seulement chez les personnes mûries par la Raison Majeure, est astreinte dans sa fonction réflective de
l'éternelle vérité, à des règles mathématiques qu'elle
ne peut enfreindre, et qui ne lui rendent pas possible la moindre erreur. L'imagination, faculté virile
de l'intelligence, n'a pas encore d'emploi utile chez
les mineurs ou adolescents de l'esprit.

On conçoit maintenant que les figures et les images correctement perçues dans l'universel miroir de
la Science Spéculative, nous montrent toutes les
analogies et les ressemblances qui existent entre les
deux natures physique et divine, entre l'homme et
l'univers. De là, la Science de l'Analogie universelle,
le principe du langage figuré, de la Poésie, des
Arts, etc.

Sous l'infaillible contrôle des quatre opérations
cardinales de l'Analyse, de la Synthèse, de l'Art et
de la Conscience dans leur évolution majeure, toutes
les sciences physiques et morales, dirigées vers leur
but d'utilité finale, convergent nécessairement vers
l'unité pratique de la vie, et fusionnent aujourd'hui
dans notre immense Synthèse en une Science Unique : LA SCIENCE qui vient éclairer et féconder les
activités physiques, intellectuelles et morales de
l'homme libre et émancipé.

LA SCIENCE UNIVERSELLE DE VIE, embrassant l'absolu dans ses théorèmes spéculatifs, est inaccessible
à la froide raison bornée et égoïstique; il faut à
celle-ci le secours de notre âme divine, absolue, dont
le cœur est l'organe. C'est pourquoi la science de vie
se sent et se comprend, comme la vie elle-même qui
est par le sentiment d'abord, puis ensuite par la rai-

son. La vie ne procède-t-elle pas du cœur avant
l'intelligence.

Par une prévision conservatrice et un acte de justice éternelle, la SCIENCE qui dispense aux justes le
fruit de leurs vertus, n'est pas comprise ni sentie
des égoïstes injustes, des savants orgueilleux, des
vaniteux, des esprits même les plus cultivés, dé-
pourvus des sentiments de la Loi d'Amour Universel
et de Solidarité Humaine.

Sans les aspirations généreuses du cœur, l'intelligence la plus subtile et la plus rusée n'est pas apte
à concevoir la SCIENCE DE VIE, pas plus qu'à donner
la vie elle-même qui ne procède que du cœur.

Par la même raison, les personnes de cœur, les
gens simples, les enfants, les esprits élevés, les
seules lumières naturelles ont l'intuition de la
Science Universelle de Vie. Quant aux personnes qui
joignent une vaste culture de l'esprit, de longues
études et de profondes connaissances à un cœur généreux, elles la retrouvent identifiée en elles-mêmes
et la voient se dérouler tout entière du fond de leur
conscience dans toutes leurs facultés spirituelles.

Il faut le dire déjà ici, la SCIENCE DE VIE est la
Science de la JUSTICE ÉTERNELLE, terrible dans ses
révélations contre les âmes mortes par leur égoïsme
aux Principes et à la Loi de l'Humanité. Elle nous
montre la redoutable Justice, vengeresse de la Loi
inviolable, livrant à l'expiation les crimes du monde
égoïste et *civilisé*, qui laisse mourir de honte, de
misère, de froid et de faim ses propres membres, à
côté des millionnaires, regorgeant dans toutes les
abondances, indifférents, blasés, ne goûtant plus le
plaisir que dans le scandale, dans la narration des

crimes ou des désespoirs ! Ces coupables, que la justice matérielle du monde n'atteint pas, oserai-je le dire, qu'elle protége contre le malheureux, ces criminels de lèze-humanité ne savent pas quelle expiation fatale les attend sur la route de la vie éternelle, dont l'existence terrestre n'est qu'une étape !

Si la Science Suprême est terrible contre les égoïstes inhumains, elle est la consolation et la récompense des âmes réveillées au sentiment de la morale universelle et de ses devoirs. — Elle nous enseigne les moyens de nous délivrer nous-mêmes des maux qui accablent la terre, par l'accomplissement de nos devoirs de Solidarité divine et humaine. Elle nous donne la résignation aux sacrifices et aux souffrances temporairement inévitables de l'existence présente, en nous montrant, comme prix de nos souffrances, des existences futures meilleures sur d'autres mondes des cieux, vers lesquels nous gravitons sur le parcours infini de la vie éternelle.

La Science Universelle de Vie, science divine et humaine, dévoile à notre esprit, saisi d'admiration et d'épouvante, les mystères redoutables de la vie du temps et de l'éternité ; elle nous en découvre les merveilles et les terreurs ; elle élève notre âme à des hauteurs que l'esprit humain ici bas n'avait jamais atteintes. — De ces hauteurs sublimes, il est donné à notre âme, réveillée à sa nature divine, de contempler la Divinité Véritable, fusion parfaite des âmes justes de nos pères, de nos mères, de nos frères, de nos sœurs, de nos femmes, de nos enfants, constituant nôtre seule et réelle famille, d'où procèdent tout amour, toute vie, toute création, toute vérité, toute lumière, toute justice ; Unité Divine

Universelle du sein ineffable de laquelle nous partons, et dans laquelle nous rentrons de tous les points de l'espace immense, où s'élabore la vie dans la succession infinie des temps, gravitant, retombant et nous relevant enfin dans la gloire de l'Eternelle et Divine Patrie !

Par son enseignement transcendant, la FACULTÉ DE LA SCIENCE UNIVERSELLE DE VIE n'achemine pas seulement l'homme dans son ascension glorieuse vers l'Unité Divine ; par son enseignement pratique, elle rattache l'homme au terre-à-terre et aux devoirs de la vie matérielle, et lui apprend à se diriger lui-même par sa *Raison passée Majeure* dans toutes les conditions de la vie privée et publique.

CRÉATION

DE LA FACULTÉ LIBRE

De Médecine Domestique Naturelle

A LA COLONIE DE LA SANTÉ

PAR

L'INSTITUT DE L'ÉMANCIPATION HUMAINE

AVEC LA COOPÉRATION

DE LA SOCIÉTÉ PHYSIOLOGIQUE DE MÉDECINE ET DE PHARMACIE

(Loi du 12 juillet 1875)

EXPOSÉ DES MOTIFS

Un événement médical : la RENAISSANCE DE L'ART DE GUÉRIR, due à l'interprétation SYNTHÉTIQUE de la Nature, et au retour de l'usage rationnel des Herbes et Sucs Végétaux, a donné lieu à la *Société Physiologique de Médecine et de Pharmacie* pour la vulgarisation de cet événement heureux.

Les services incalculables rendus à l'Humanité souffrante par la promptitude des guérisons dans les maladies aiguës, par les cures les plus inattendues dans les maladies chroniques, ont décidé cette Société Scientifique et professionnelle d'offrir à tous les praticiens, par son BULLETIN *de Thérapeutique Naturelle*, les moyens d'exercer eux-mêmes l'Art de Guérir si heureusement rétabli sur la vérité éternelle de la Nature Conservatrice et Réparatrice.

Mais la proposition n'ayant pas été accueillie, comme elle méritait de l'être, et n'ayant pu vaincre l'indifférence ou l'opposition systématique de la généralité des docteurs, la Société Physiologique de Médecine et de Pharmacie a dû prendre la résolution de donner son concours à la création d'une FACULTÉ LIBRE DE MÉDECINE, dans le but de surmonter une partie des obstacles qu'elle rencontre dans les préjugés et la routine de la corporation médicale dominante. Cette résolution était devenue nécessaire pour parvenir à vulgariser dans les familles l'enseignement de la Médecine Domestique Naturelle, qui rend chacun médecin de soi-même et des siens.

L'Auteur de LA SANTÉ ou Traité Général de Médecine Domestique naturelle, par les Herbes et les Sucs Végétaux, aux travaux duquel est due, après des luttes sans exemple, la *Renaissance de l'Art de Guérir*, continue ainsi l'*Exposé des Motifs :*

Parti du sentiment intuitif de la nature, du simple bon sens commun et de la raison de tout le monde, mais guidé surtout par la raison morale du cœur, enfin parvenu par cette voie scientifiquement inexplorée, à la Science universelle de Vie, nous avons trouvé la solution du problème de la vraie médecine, la Loi et les grands principes de l'Art de guérir, après quarante ans de hautes études et d'observations expérimentales.

C'est par la Synthèse Universelle et l'Unité Physiologique, que nous avons pu dégager de la rouille des siècles de minorité intellectuelle et rendre à son éclat la Médecine Primitive de la Nature, l'Art éternel de guérir.

Après le parcours d'un immense orbite de recherches scientifiques transcendantes, notre point d'arrivée s'est trouvé être aussi simple que notre point de départ, autant par la simplicité des agents médicaux que par celle de l'intelligence nécessaire à la médecine naturelle, qui ne demande que le simple bon sens de tout le monde.

Mais pendant que les docteurs de la médecine dominante enseignent dans leurs écoles une science inaccessible au public et contredite par eux-mêmes, pendant qu'ils déclarent que *l'Art de guérir est encore à faire,* qu'ils avouent entre eux que leur science actuellement est à l'état de chaos, qu'elle est, de l'aveu formel des plus sincères d'entre eux, *une profonde absurdité et un danger public,* par quel étrange paradoxe et quel mystère de l'homme, ces érudits, ces savants, qui ont une réputation de supériorité sur les autres hommes, ne peuvent-ils reconnaître et n'embrassent-ils pas les grandes et simples vérités de la Médecine naturelle, l'Art de guérir reconquis dans sa souveraineté et si bien compris des esprits droits et simples !

Pourquoi cette attitude phénoménale des docteurs ? Parce que les observations analytiques *poussées à l'excès* dans leurs études classiques, et constituant toute la science médicale *sans le contre-poids de la synthèse* systématiquement interdite, n'engendrent que confusion de détails et ténèbres; parce qu'elles *atrophient la faculté généralisatrice de la pensée et jettent l'esprit dans l'impuissance de concevoir les vérités d'ensemble.*

C'est donc par la fausse direction donnée à l'enseignement supérieur des écoles officielles, que les docteurs et les savants de notre époque sont incapables de comprendre et de reconnaître aujourd'hui l'Art de guérir dans sa synthèse universelle !

Les lecteurs qui saisiront la gravité des motifs exposés dans ces préliminaires, concluront eux-mêmes à l'urgence absolue de fonder une Faculté et des Ecoles nouvelles de Médecine pour créer un enseignement médical nouveau, qui réponde aux lumières du temps et aux besoins de l'humanité souffrante.

D'ailleurs, ne faut-il pas absolument que les institutions libres de l'avenir s'élèvent à côté des institutions autoritaires du passé et négatives de l'émancipation humaine. Car ces dernières perpétueront fatalement les préjugés dont leur routine est imbue.

La médecine magistrale, qui n'a fait que de dénaturer l'art de guérir, sans pouvoir le reconstituer, ni même le reconnaître à son jour, continuera inévitablement d'être enseignée dans les anciennes écoles et pratiquées sur les ignorants, incapables de comprendre que la médecine officielle le plus souvent se rend plus dangereuse que le mal dont ils souffrent.

Il faut donc à la médecine de l'Emancipation humaine un enseignement nouveau, qui rende l'homme médecin de lui-même, qui l'affranchisse de l'auto-

cratie médicale, et par conséquent une école nouvelle que l'Œuvre de Salut a pour tâche de fonder,
sous la dénomination de FACULTÉ LIBRE DE MÉDE-
CINE DOMESTIQUE NATURELLE.

C'est donc par une science illusoire, comme nous
l'avons vu, que la médecine dominante jouit de ses
prérogatives officielles, au préjudice de la médecine
souveraine de la nature, que dédaignent les docteurs.

En effet, la Science, la Vraie Science *majeure*, la
Science Universelle de Vie n'est pas la lumière qui
éclaire la médecine doctorale, mais la science *mineure* de l'analyse et des conjectures, qui fait bien
l'érudit, le docteur, le savant de convention, le
prince de la médecine si vous voulez, mais non pas
le véritable médecin initié à la synthèse universelle ou physiologique de l'art de guérir.

Il est lamentable de voir la prétendue science de
la médecine officielle venir, après de suprêmes efforts, expirer dans un aveu de confusion : deux
Princes contemporains de la médecine, professeurs
à la Faculté de Paris, tous deux d'une haute valeur
personnelle au service d'une cause perdue, déclarent en tête de leur grand Dictionnaire de Médecine :
que, *dans l'état actuel de nos connaissances médicales,
la science, écrasée par l'abondance des détails et la
multiplicité des faits, semble se perdre à l'infini dans
l'étude des petites choses, pour se noyer dans de longues et fatigantes descriptions.* (Textuel.)

Après cet aveu de confusion, on pouvait espérer
voir une tentative sérieuse de débrouiller le chaos
de la prétendue science médicale, de marcher à la
découverte des grands principes et de la grande Loi

qui relie ces principes dans l'Unité de la Science et
de la Vie. Il n'en est rien. On ne voit aucune idée
générale sillonner les détails infinitésimaux, innombrables et confus des faits d'observations analyti-
tiques, pour les faire converger vers la SYNTHÈSE
UNIVERSELLE, seule capable de les coordonner.

Pourquoi cette lacune et cette étrange impuissance
de la plus brillante érudition! Chose profondément
triste à constater; parce que nous l'avons déjà fait
remarquer, les études classiques paralysent et atrophient la faculté généralisatrice de la pensée et gé-
nésique du génie, la seule capable d'émanciper l'esprit humain et de l'élever à la souveraineté de la
raison majeure. L'oblitération de cette faculté de
l'intelligence, causée par les études analytiques, est
poussée au point que les docteurs-médecins, qui ne
sont pas d'une trempe intellectuelle supérieure,
perdent le sens commun sur certains points, ne
voient plus comme tout le monde, et se trouvent
dans l'impuissance de comprendre l'Unité Physiologique, l'Unité et la Simplicité de la Médecine Naturelle, que toutes les personnes non oblitérées par
une fausse instruction comprennent et pratiquent si
bien !

Deux autres causes insurmontables empêchent la
plupart des docteurs de se rallier aux grandes et
simples vérités de la médecine naturelle ou Renaissance de l'Art de Guérir :

1º L'état de minorité de l'esprit des docteurs en
général; car ces savants ne sont pas affranchis de
leurs maîtres, dont l'opinion pour eux fait loi, et
tient lieu de l'autorité de la science qu'ils n'ont
pas encore. En effet, devant la science, la vraie

science, il n'y a plus ni opinion, ni autorité personnelle, mais seulement les démonstrations et l'autorité absolue de la SCIENCE qui met l'accord et l'égalité entre tout le monde ;

2° L'Association formidable des médecins qui couvre la France, qui asservit la liberté personnelle et subordonne les sentiments les plus généreux de ses membres aux intérêts matériels de la vaste corporation, légion inconsciente et irresponsable, ne connaissant que ses appétits, et n'ayant pour loi suprême que son instinct brutal de conservation, au grand préjudice de l'humanité souffrante. — Toute association ou institution non fondée sur la loi morale de solidarité humaine n'est-elle pas fatale aux intérêts de l'humanité!

On va voir à quel point la médecine dominante contemporaine, asservie à l'esprit de corps, repousse systématiquement la lumière qu'elle ne croit pas favorable à ses intérêts. Nous reproduisons plus bas le Document que nous avons communiqué, à nos frais, à plus de six mille docteurs, par la voie d'un journal académique, l'*Union Médicale*. La conspiration du silence s'est faite sur cette considérable publication. Quelques docteurs seulement nous ont répondu discrètement : Courage!

Le lecteur instruit verra, non sans surprise, qu'une classe d'hommes, de haute valeur personnelle, telle que les médecins, ait fait la sourde oreille ou n'ait pas répondu à ce document publié le 3 août 1880 :

PROLÉGOMÈNES SUR LA RENAISSANCE DE L'ART DE GUÉRIR

PAR L'INTERPRÉTATION SYNTHÉTIQUE DE LA NATURE

(Article publié dans le journal l'*Union Médicale* le 3 août 1880.)

———

L'interprétation de la Nature par la Synthèse physiologique nous conduit nécessairement à la Renaissance de l'Art de guérir.

L'esprit d'analyse qui règne encore trop exclusivement sur notre époque, après avoir rempli utilement son rôle d'examen et de critique contre les erreurs et l'ignorance des temps passés, devient, à son tour, par ses empiétements sur la philosophie positive, une cause d'étiolement de la raison humaine, qu'il retient à l'état de minorité, en la privant des lumières majeures de la SYNTHÈSE, dont le jour arrive par l'état actuel de la Science.

Loin de nous révéler les grands Principes et la Loi qui doivent fonder l'Avenir, les prétentions analytiques, en d'autres termes, nos critiques, excluant toute théorie et tout esprit de synthèse, qu'il est de leur essence de ne pouvoir jamais comprendre, comme nous le démontrons plus loin, nos doctes et nos savants n'aboutissent qu'à une vaine érudition, à une accumulation confuse des connaissances humaines, au chaos, au scepticisme, en un mot, à une négation générale, incapable de donner la moindre affirmation positive de la Vérité, même celle de la Vie.

Notre point de départ n'est donc pas un procédé d'analyse et de décomposition, mais bien la Science universelle de Synthèse ou de recomposition, représentée en action par le fonctionnement de l'Unité Physiologique du corps humain, image réduite de l'Unité Physiologique de l'Univers vivant.

Nous disons, la Science de la *Synthèse universelle,* car pour être vraie la *Synthèse* doit tout embrasser et être absolue ; et alors toutes les propositions rigoureusement logiques qui en découlent, comme les conséquences de leur principe, sont d'une vérité absolue, comme les corollaires d'un théorème.

La Science de la Synthèse universelle nous apprenant que la Nature, au sein de l'univers comme au sein de notre organisme, est *une* dans ses créations de Vie, et qu'elle est nécessairement *une* aussi dans son action conservatrice et réparatrice de la Vie, nous affirmons le principe de l'Unité Médicatrice de la Nature ou l'Intégralité de l'Art dans la médecine Physiologique Naturelle.

Après avoir indiqué, en quelques mots, l'interprétation médicale de la Nature par la Synthèse Physiologique, nous allons sommairement démontrer comment la Médecine, comprise et exercée d'après cette interprétation supérieure, nous conduit à la Renaissance de l'Art médical, renaissance que peut réaliser tout praticien par la MÉTHODE empruntée à la nature même, et que nous avons aujourd'hui pour devoir de transmettre au profit de l'Humanité et des

intérêts professionnels de la médecine et de la pharmacie. Depuis plus de vingt ans, cette *Méthode* physiologique est pratiquée dans l'admiration de ses
résultats merveilleux, entraînant certitude de guérison dans toutes les maladies aiguës ou chroniques
hors les seuls cas de lésions organiques et de dégénérescence virulente ou diathésique.

Jetant un regard sur le chemin parcouru par les
lumières de ce dernier siècle, c'est-à-dire par l'érudition analytique, nos plus savants médecins, nos professeurs les plus autorisés ont déclaré : *L'art de
guérir est encore à faire !*

Cette affirmation ressemble à un paradoxe, mais
elle est profondément vraie.

D'où vient ce fait étrange de l'Art de guérir faisant
encore défaut à la science, à la vaste érudition des
membres personnellement si distingués du corps
médical ?

Notre réponse très-simple, faite en peu de mots,
puisée dans la Science Synthétique universelle, va
nous sortir de la confusion, et nous donner en même
temps la raison de l'Evolution nécessaire en médecine et en pharmacie, c'est-à-dire de la Renaissance
Médicale. Il est vrai, l'*Art de guérir est encore à faire*,
ou pour parler plus correctement, à faire renaître ;
car l'Art est éternel.

Cette vacance du principe même de la médecine
nous vient de l'empiètement des sciences analytiques sur la synthèse, qui avaient pour tâche limitée
de faire l'examen des erreurs et des vices glissés dans
la pratique de l'Art depuis de longs siècles d'ignorance et de routine. Le rôle de l'analyse devait se
borner à l'autopsie des applications de l'Art. Mal-

heureusement, les investigations analytiques ont dépassé le but et disséqué l'Art lui-même, au point de ne plus en laisser que des vestiges épars et inertes, comme les membres dispersés d'un cadavre sous le scalpel de l'anatomiste. Dans le premier cas, toute trace de l'art a disparu, comme a disparu, dans le second cas, toute trace de vie.

Les procédés analytiques sont bien faits pour dévoiler les erreurs et les défectuosités des applications de l'Art en remontant des effets à la cause, mais ils sont absolument impropres à embrasser et à faire comprendre l'Art lui-même dans sa synthèse, pas plus que les procédés anatomiques ne peuvent faire renaître la Vie dans son Unité.

La raison en est évidente :

L'art, comme la vie, ne procède que des rapports, et s'évanouit nécessairement devant les investigations désagrégeantes et destructives des rapports qui les engendrent.

Les sciences analytiques, sciences mineures de l'âge critique de l'humanité, l'érudition qu'elles donnent, les connaissances décousues qu'elles entassent confusément dans la mémoire, sont la négation de l'art, comme la science anatomique est la négation de la vie.

Seule, la synthèse, peut et doit venir féconder toutes les connaissances stériles de l'analyse.

La Synthèse universelle, objet immense de la Science Majeure, qui vient émanciper l'esprit humain et nous affranchir en réalité de la maladie, est seule capable de comprendre la Vie et l'Art réparateur de la vie ; parce que seule, elle embrasse tous les rapports d'où précèdent l'Art et la Vie.

La Nature étant l'image vivante de la Synthèse Universelle, la Science de Vie en action, nous marchons à la reconnaissance de cette Science Supérieure et de la Lumière nouvelle qui en jaillit, par la seule interprétation de la nature.

Le grand livre de la Nature, ouvert par la Science Synthétique universelle, transforme l'instinct et l'intuition en une science exacte, et nous donne l'intelligence de l'Art, comme de la Méthode, qui est le corps de l'Art.

Nous voyons alors en toute évidence, dans la pratique médicale, le rôle respectif de l'Analyse et de la Synthèse. L'analyse établit le diagnostic, purge l'Art de ses applications erronées ou vicieuses, et laisse à la synthèse la tâche de relever l'Art dans la souveraineté de ses principes et de sa loi.

L'art commence à la synthèse qui résume, pèse et compare tous les détails, toutes les particularités propres au sujet et examinés isolément dans le diagnostic. On est arrivé à établir admirablement le diagnostic d'un malade, mais il reste habituellement stérile, parce que, dans presque tous les cas, la synthèse du traitement, c'est-à-dire l'art lui-même lui fait défaut. Après le diagnostic établi, on est plus souvent à bout de science et de ressources. Alors on fait une médecine de pièces et de morceaux. On traite le malade sur les seules données du diagnostic, sans remonter à la synthèse d'un traitement en correspondance avec l'unité physiologique de l'organisme humain, universel en sa teneur et solidaire entre toutes ses parties. On pratique ainsi une *médication analytique,* c'est-à-dire *négative de l'art* et par conséquent de la vie elle-même. — Qui ne reconnaîtra pas ici le cas trop fréquent de la pratique médicale contemporaine, qui a fait dire avec raison que l'ART MÉDICAL EST ENCORE A FAIRE !

Loin de moi la pensée de jeter le blâme sur aucune personne, de la situation que je me borne à constater. — Une connaissance aujourd'hui plus complète de la loi de vie me ferait même retrancher de mon Traité de Médecine naturelle, si j'avais à le refaire, les passages de critique générale, pour le moins inutiles. — Ne sommes-nous pas entrés dans une époque de majorité, où chacun ne relève plus que de ses actes et des jugements bons ou mauvais de sa conscience, sous la juridiction de la Loi sévère de solidarité humaine, à laquelle, fatalement, personne n'échappe.

Reprenons notre sujet.

Il faut la science la plus vaste au médecin ; il lui faut la Science Synthétique Universelle, afin qu'il puisse bien comprendre et pratiquer l'Art de guérir dans son amplitude souveraine.

En effet, dans l'exercice positif de l'art, le rôle principal revient à la Synthèse de la *situation la plus large*. Pour faire de la bonne médecine, il faut embrasser non-seulement l'économie entière du malade, mais encore toutes les influences physiques, intellectuelles et morales pouvant réagir sur lui. Il faut que, par la synthèse, le médecin, dieu réparateur de la vie, soit capable de saisir l'analogie de l'unité physiologique de l'univers vivant avec l'unité physiologique du corps humain, en raison de la Solidarité qui règne entre tous les systèmes organiques de l'homme comme entre toutes les parties du grand tout ; en un mot, il faut que le médecin soit initié à la *Physiologie comparée de l'Homme et de l'Univers*, objectif immense de la Science Synthétique Universelle.

C'est précisément à la reconnaissance de cette Science supérieure que se livre la Société Physiologique de Médecine et de Pharmacie pour le rétablissement intégral de l'art de guérir.

Dans cette voie ouverte et déjà suivie par plusieurs d'entre nous, depuis les plus hautes spéculations scientifiques jusqu'aux plus infimes détails, nous avons retrouvé, non sans étonnement, dans les plus modestes Plantes et leurs Sucs, la source intarissable des vertus universelles de la Nature Médicatrice, pendant si longtemps tombées dans le dédain et l'oubli; parce que la Botanique était pratiquée non-seulement *sans règle et* SANS MÉTHODE, mais encore avec la plus grossière routine protégée par l'ignorance et les préjugés.

Nous avons donc à appeler l'attention du praticien sur toute l'importance de la MÉTHODE, qui manifeste la valeur propre et la valeur relative des remèdes hygiéniques végétaux bien préparés, et qui les élève aux plus hautes vertus curatives, dont on avait perdu toute idée.

Le Remède n'est que l'instrument ; la Méthode est l'intelligence qui le manie dans la main du praticien habile, qui opère des chefs-d'œuvre de guérison.

C'est la Méthode qui dégage les vertus des remèdes et qui les fait valoir, en même temps qu'elle fait le vrai médecin.

Les meilleurs remèdes ne tombent-ils pas sous un juste discrédit à l'état de matière inerte ou dangereuse, si leur administration n'est pas dirigée par une bonne et correcte méthode ?

Tout notre arsenal pharmaceutique n'offre plus qu'une stérile et lamentable abondance, parce que nous n'avons pas la méthode de son emploi, et que l'art de nous en servir est perdu.

Mais, nous l'avons déjà dit, toute méthode ne se crée que par la synthèse ; et c'est parce que l'analyse règne aujourd'hui exclusivement sur toutes les écoles que nous manquons de méthode.

Les recherches analytiques, il est vrai, nous ont heureusement dévoilé les erreurs des systèmes et de la routine du temps, mais elles ont tué du même coup l'Art et la Méthode, en dépassant le but. N'errons-nous pas dans le vague et la confusion des connaissances désarticulées de l'érudition !

L'Art ancien et éternel, purgé des abus que l'ignorance des siècles y avaient accumulés, mais mutilé par les procédés dissolvants de l'analyse, attend le règne de la Synthèse pour se reconstituer et renaître avec la Méthode.

Le temps est venu de nous inspirer de l'esprit nouveau de la Synthèse Physiologique, pour remettre en pleine lumière et relever le rôle du médecin dans la souveraineté de l'ART et de la MÉTHODE, et pour affranchir de nouveau l'homme de la maladie, comme à des époques antérieures de l'humanité heureuse et parfaite, vers laquelle nous remontons si péniblement.

L'avènement si désiré de l'Art et de la Méthode à la souveraineté n'arrive-t-il pas enfin parmi nous, devant cette affirmation positive, que la *Nature médicatrice*, interprétée par la *Synthèse Physiologique*, donne au praticien certitude absolue de guérison dans toutes les maladies aiguës ou chroniques, hors les seuls cas de lésions organiques et de dégénérescence, comme il a été dit plus haut.

Nous possédons par milliers des lettres qui témoignent, dans le cours de vingt et un ans, de la souveraineté de la Médecine naturelle rétablie dans son intégralité Synthétique, au nombre desquelles se trouvent les attestations de praticiens et médecins en chef d'Hôpital.

Le Professeur libre, HUREAUX.

Nous n'avons pas voulu exposer ici les motifs irritants pour les uns, effrayants pour les autres, qui nécessitent la création de la Faculté Libre de Médecine Domestique Naturelle. On les trouvera dans plusieurs ouvrages et publications de polémique. Ceux que nous donnons dans ce chapitre sont bien suffisants pour tout esprit sérieux.

Nous allons terminer cet exposé de motifs par une énumération rapide des avantages et des bienfaits qui résulteront de l'enseignement de la médecine domestique naturelle dans une Faculté Libre.

LES BIENFAITS

DE LA

VULGARISATION DE LA MÉDECINE NATURELLE

PAR SON ENSEIGNEMENT DOMESTIQUE

DANS LA FACULTÉ LIBRE DE MÉDECINE

———

La Médecine primitive de la Nature, pendant si longtemps disparue sous la rouille des siècles de servitude intellectuelle et morale, auj urd'hui remise en lumière et rendue à sa puissance curative admirable au moyen d'Herbes simples ou de leurs Sucs, donne lieu à une profession nouvelle, qui, par son exclusion des produits chimiques et remèdes-poisons de la médecine doctorale, par son bon sens commun et ses dévouements de famille, rentre absolument dans le domaine de l'économie domestique.

C'est toujours avec un étonnement nouveau que nous voyons des gens du monde, des pères, des mères, des fils et des filles, montrer la plus merveilleuse aptitude à comprendre et à pratiquer cette Médecine si essentiellement domestique. Son essor s'étend comme une révélation dans les esprits non oblitérés par la fausse érudition doctorale.

Par ces motifs, la Médecine naturelle appartient à l'économie domestique et est par excellence l'Hygiène préservative et curative. Nous nous guérissons par les fonctions de digestion et de nutrition. Les aliments et les remèdes se confondent dans les voies de leur élaboration physiologique.

Il est bien vrai que la médecine naturelle, véritable et réelle hygiène, rendue à la famille par son enseignement domestique, donne pouvoir à l'humanité de secouer pour toujours le joug de la maladie et de briser enfin ses chaînes de douleurs.

C'est la force seule de l'habitude qui nous a fait longtemps considérer la maladie comme un mal inévitable, comme un attribut obligé de l'homme, comme une nécessité fatale. Dieu pouvait-il nous rendre les éternelles victimes de la maladie, quand celle-ci est une violation des lois de la vie, œuvre même de Dieu ?

Non, la maladie n'est pas un mal inévitable, inhérent à notre nature. C'est le fait monstrueux d'une civilisation barbare et ignorante, qui doit disparaître entièrement des flancs de l'humanité, comme disparaissent les bêtes féroces des contrées sauvages, à mesure que l'homme s'y établit en société.

Si la maladie, ravisseur de nos droits à la santé, a perpétué jusqu'à nous une usurpation qui rappelle simplement pour l'humanité son inexpérience de la matière et des éléments, la faute vient de plusieurs de ceux qui avaient été envoyés pour nous en délivrer plus tôt, et qui en sont devenus les complices.

Et ces hommes égarés avaient jeté sur nous un voile si épais d'ignorance, que nous avions perdu jusqu'aux dernières traces de la nature prévoyante dans ses voies et moyens infaillibles de guérison, sur lesquels ils s'appliquaient à déverser le ridicule et le mépris avec une sorte de fureur. Résignés, nous subissions les angoisses et les tortures du mal avec lequel il fallait fatalement vivre et mourir, dans les déchirements et les séparations prématurées de la famille.

La maladie et la santé, demeurées des mystères impénétrables aux recherches analytiques, sont connues aujourd'hui dans leur essence même. La médecine, rendue à l'enseignement synthétique de la nature, cesse d'être un chaos; elle devient une notion simple et positive, naturellement à la portée de tout le monde; elle retrouve partout et rend à chacun le savoir instinctif du bon sens médical; elle soulève le voile sur le mystère de la maladie; elle ne laisse plus de conjectures à la guérison.

Ces grandes et simples vérités, qu'on ne peut plus garder pour soi dès qu'on les possède, et qui feront fleurir un jour la plus belle santé sur l'humanité entière, trouvent leur démonstration dans le bon sens dégagé des préjugés de la routine, et leur preuve dans l'accomplissement des faits les plus consolants.

Devenu le médecin de soi-même et des siens, chacun peut désormais prévenir infailliblement la maladie ou constamment se guérir avec certitude, dès qu'on ne laisse pas au mal le temps de détruire ou de léser des organes, et qu'il n'existe pas de diathèses héréditaires.

La médecine de la nature est comprise en germe dans l'instinct de notre conservation; on développe ce germe par la lumière de l'instruction. Cette instruction se trouve être facile et attrayante dans notre résumé tout élémentaire. Un enfant en comprend la lecture. Cet ouvrage, qui devrait entrer dans l'éducation domestique, n'est encore qu'un premier jet de la science synthétique universelle, mais nous le perfectionnerons en le complétant, et en tâchant de lui donner de plus en plus le cachet de l'utilité pratique.

Quoi de plus utile et de plus intéressant que d'apprendre à se connaître dans la vie intelligente et harmonique de notre être, dans l'économie vivante de notre corps, premier instrument de notre bonheur, de ce corps pour lequel notre négligence trop commune est un crime de lèse-nature, payée par une existence de souffrances physiques. Ces souffrances sont les convulsions de son harmonie rompue, préjudiciables même au bonheur de ceux qui nous entourent ou à qui nous pouvions être utiles.

Mais dès que nous connaissons l'harmonie admirable et infinie du corps humain, œuvre divine confiée à notre responsabilité, nous voulons religieusement la conserver, et, autant par affection que par devoir, nous ne permettons plus qu'elle puisse être atteinte par la maladie.

L'instruction qui nous porte à la connaissance de nous-mêmes nous conduit donc au bonheur pas l'accomplissement d'un devoir envers Dieu, envers nous et envers la Société. L'enseignement domestique de la médecine naturelle est donc d'intérêt moral, privé et public.

L'enseignement libre de la nouvelle Faculté fera connaître à tous la solution du grand problème de la Médecine, resté insoluble pour la science des écoles officielles. Sans être docteur, tout le monde pourra vérifier la solution du problème. La véritable médecine est la plus simple et la plus naturelle des choses. Elle existe toute faite dans la nature vivante.

Mais l'enseignement classique, ayant dénaturé l'art de guérir, l'a rendu méconnaissable par son système d'analyse, exclusif de la synthèse.

Pour nous qui subordonnons la science étroite des écoles officielles à l'enseignement universel et unitaire de la nature, la médecine nous apparaît dans toute sa simplicité et son unité. Elle devient une notion simple et positive. Les lois physiologiques nous apprennent que les innombrables maladies qui assiégent le corps humain sont primitivement autant de manifestations diverses d'un seul état morbide, quels qu'en soient les caractères, le siége et les appellations pathologiques, sauf quelques infections virulentes.

L'Art de guérir se trouve ramené à un tel état de simplicité, qu'il se résume dans l'*Unité de cause, de maladie* et dans l'*Unité de traitement*. Nous disons : unité de traitement, en principe ; mais en fait, variable et approprié au tempérament et à l'état de maladie de chaque individu.

Cette simplification forme le pivot universel de la Vérité Médicale, qui rend aussi simple que certain l'Art de Guérir.

Ces principes, démontrés par la Science Universelle de Vie, et confirmés par les faits indiscutables de guérisons, nous conduisent au grand but consolant pour l'Humanité, qui a pour effet :

De tarir la source de nos maladies ;

De guérir et non de pallier celles qui existent, toujours avec certitude de succès, hormis les lésions profondes des organes, et une constitution dégénérée dans tous les éléments de notre organisme ;

De préparer les mères à enfanter sans danger et avec moins de douleurs ;

D'assurer de beaux et vigoureux enfants, et de les amener à la puberté, en prévenant le danger des crises ;

De faire circuler dans la maturité de l'âge la sève vive de la jeunesse ;

De préparer une vieillesse virile et exempte d'infirmités ;

Enfin, de rendre à la vie sa durée naturelle.

Tels sont, en résumé, les bienfaits conquis par le rétablissement de l'Art de guérir dans les voies toutes physiologiques et souveraines de la Nature au moyen de son enseignement théorique et pratique dans la Nouvelle Faculté de Médecine.

FACULTÉ LIBRE

DE DROIT UNIVERSEL

En face de l'Humanité Majeure, il n'y a qu'un droit, le Droit Universel; qu'une justice, la Justice Universelle; qu'une morale, la Morale Universelle; qu'une religion, la Religion Universelle.

Droit, Justice, Morale, Religion se résument par la Loi Suprême de l'Humanité, Loi Divine, révélée aujourd'hui par la *Science Universelle de Vie,* et dont tout homme est absolument justiciable dans la succession de ses existences solidaires de la vie éternelle.

La nouvelle Faculté de Droit, l'une des trois Facultés de l'UNIVERSITÉ LIBRE DE L'EMANCIPATION, aura pour objet d'affranchir l'esprit humain des préjugés de toute juridiction arbitraire, de toute fausse morale, de toute fausse croyance, de rendre libre et majeure notre conscience, de la rendre absolument droite et juste, par l'enseignement *scientifique* de la Loi de l'Humanité, Loi Sociale Souveraine, d'où découlent la distinction *mathématique* du vice et de la vertu, tous les devoirs et les droits de l'homme souverain de sa personne.

Toute l'Humanité est dans la Loi. Hors de la Loi est la confusion du monde. La Loi en action est la

Vie véridique ; elle fonctionne dans la nature physique par les quatre règles de l'arithmétique : addition et multiplication, soustraction et division ; dans la nature spirituelle, par les quatre opérations cardinales de l'analyse universelle, de la synthèse universelle, de l'art universel et de la conscience universelle.

Une connaissance enfantine de la Loi, telle qu'elle était enseignée par l'Evangile sous le nom vague et indéterminé de *Loi Divine*, suffisait à la société chrétienne *mineure*. Mais pour l'Humanité *majeure* une connaissance *rigoureusement exacte* de la Loi est devenue nécessaire.

C'est pourquoi l'enseignement *correct, scientifique* de la Loi sera l'objectif de la *Faculté de Droit Universel* au point de vue de la morale majeure, sociale ou religieuse, pour l'accomplissement des devoirs et le respect des droits chez tout peuple véritablement libre, digne de l'être et animé du souffle de vie harmonique.

Les fondements de la Loi de Vie sont les éternels principes de société : Famille, Travail, Propriété, Justice.

Ces quatre principes cardinaux de la société divine et humaine, que réalisent les Humanités parfaites, parcourent le cycle de leur accomplissement en quatre époques évolutionnaires :

L'Evolution embryonnaire (mosaïsme) ;

L'Evolution mineure (christianisme) ;

L'Evolution majeure (solidarisme) ;

L'Evolution spirituelle (spiritualisme).

La Loi, c'est le lien absolu qui rattache et SOLIDA-

RISE la Famille, le Travail, la Propriété et la Justice, à tous leurs degrés d'accomplissement.

L'observation de la LOI, de laquelle relève toute divinité comme tout homme, est la source de toutes les vertus et de tous les biens temporels et éternels, comme sa transgression est la cause de tous les vices et de tous les maux qui accablent ce bas monde.

Sans la LOI souveraine de l'Humanité, toute tentative de SALUT, dans le cataclysme social, serait impuissante.

Pour opposer une digue au débordement de dépravation générale, dont l'aperçu donné antérieurement n'est que le tableau discret et voilé, on cherche avec raison à dissiper l'ignorance qui en est la cause première ; et l'Instruction est devenue à l'ordre du jour.

Mais ce n'est qu'un premier pas, comme nous allons le voir ; il en reste d'autres à faire : l'expérience nous démontre chaque jour que les esprits les plus cultivés, les intelligences les plus développées mettent, le plus souvent, leurs connaissances au service de leur égoïsme ; et que l'Instruction, sans l'Education du cœur et de la conscience, ne forme pas la jeunesse ni les adultes aux vertus de l'Humanité et de la Morale universelle. On peut même remarquer que la classe des lettrés et des savants offre peu d'aptitude à l'union et à la concorde. On remarque aussi que les hommes, les femmes et les enfants du peuple s'appliquent surtout à lire les publications et livres frivoles, et que généralement ils s'assimilent la partie malsaine plutôt que le côté élevé et moral de leurs lectures. — L'Instruction Laïque seule est donc un moyen insuffisant de moralisation majeure, et n'est que le premier pas vers le but de l'Emancipation humaine.

D'un autre côté, on sait par expérience que la société civile et toutes les lois publiques, non-seulement sont incapables d'élever l'homme à la morale majeure de l'émancipation politique et sociale, ni même de le maintenir au niveau de la morale mineure des temps autoritaires, mais encore de mettre un frein à la dépravation générale de l'époque.

Pourquoi l'instruction laïque, le pouvoir laïque et le cortége de toutes ses lois laissent-ils des lacunes si profondes en fait de morale, d'Humanité et de conservation des sociétés? Pourquoi cette étonnante impuissance?

Parce que l'Instruction laïque, les lois publiques et le Pouvoir civil ne traitent, ne règlent, et ne gouvernent que les intérêts de la vie matérielle, dont l'administration privée, laissée à l'arbitraire de chacun, ouvre la porte à tous les excès de l'égoïsme le plus barbare, qui peut s'exercer *légalement* contre les droits inviolables de la Nature et de l'Humanité, à la poursuite de la fortune et de ce que le Monde nomme encore l'honneur et la gloire !

Enfin et surtout, parce que la Société civile s'étant instituée sous l'Autorité religieuse, qui conservait pour elle les droits et prérogatives de la vie morale, n'a pu comprendre dans ses attributs la direction des devoirs moraux, ni la garde des droits d'humanité, incombant au pouvoir spirituel.

En mettant le doigt sur la cause des impuissances laïques à l'endroit de la Morale sociale, nous indiquons en même temps le remède au mal.

Aujourd'hui que le Pouvoir spirituel de l'Eglise

n'a plus qu'une existence nominale, parce qu'il n'a plus de raison d'être, et que la Société civile reste seule debout avec ses espérances de l'avenir, il manque à celle-ci, pour se suffire à elle-même, un élément nécessaire à son existence : c'est la reconnaissance de la LOI ÉTERNELLE de l'Humanité, du DROIT MORAL *nouveau* dévolu à la Société Civile *émancipée*, puis la promulgation du CODE MORAL de l'Humanité majeure, dont nous allons donner une première esquisse.

Et c'est parce que ce CODE MORAL nouveau, approprié à l'évolution de la conscience et de la raison humaines et aux besoins nouveaux des temps de Majorité sociale, manque à la République, que celle-ci laisse encore beaucoup à désirer dans l'esprit d'une classe de personnes considérables.

Les lois d'intérêts de la vie matérielle, si puissamment organisées, ne peuvent aucunement tenir lieu de la Loi Morale de Société, qui seule formera le cœur de la jeunesse, élèvera le caractère des adultes et accomplira l'Emancipation Humaine dont il sera spécialement question plus loin.

Nous venons de dire que le Pouvoir spirituel n'a plus d'existence effective; nous ajoutons que l'esprit de vie s'en est retiré comme la sève vivante d'un arbre mort.

En effet, pour sa direction morale, la Société actuelle n'a plus de Tuteurs. Les Chefs des peuples et les pouvoirs spirituels n'ont plus de missions divines. L'autorité dispensatrice et providentielle de Dieu a épuisé son action sur la conscience et la raison humaines. — Les principes de société autoritaire sont usés. — Les Vertus nécessaires aux classes dirigeantes ne sont plus que des souvenirs. — Royauté et Noblesse sont devenus des mytes. — Les masses flottent dans la décomposition des vertus de l'enfance et de l'âge de Minorité. — L'existence sociale n'est plus qu'un égoïsme général. — La vie de l'Humanité paraît éteinte.

Le Remède à la Maladie morale

Si nous n'étendons pas nos regards au-delà de la vieille société, parvenue à son terme de transformation, nous ne voyons rien surgir qui sera le salut. L'Humanité semble déjà perdue. La raison épouvantée nous abandonne, suspendus sur l'abîme entre un monde qui déjà moralement n'est plus et un monde qui n'est pas encore!

Comprenant la gravité de la situation, si nous ne voulons pas périr dans le cataclysme moral, il nous faut trouver un point d'appui, un moyen de salut en dehors du monde laïque et du monde clérical, tous deux impuissants, l'un parce qu'il n'est pas encore complètement constitué; l'autre parce qu'il est un foyer éteint, une cendre refroidie.

Ce point d'appui, ce moyen de salut, nous l'avons dans l'ÉVOLUTION MAJEURE de la LOI Éternelle de l'Humanité.

Quelle est cette *Evolution Majeure* de la grande Loi de l'Humanité, c'est la *Loi de Fraternité Humaine* élevée à la hauteur de SOLIDARITÉ SOCIALE ET HUMAINE.

LA SOLIDARITÉ SOCIALE ET HUMAINE

Loi suprême de l'Humanité Majeure

La loi souveraine de l'état d'émancipation humaine est la *Solidarité*, qui nous oblige tous à tous les devoirs de Famille, de Travail, de Propriété et de Justice dans leurs rapports de Société majeure.

Tout Homme libre doit connaître la LOI SOCIALE, dont il est moralement justiciable, et qui est la Loi suprême de l'Humanité.

Voici une première démonstration de la raison d'être et du caractère absolu de cette Loi Suprême.

Si vous avez à résoudre un problème qui demande l'emploi de l'addition, de la soustraction, de la multiplication et de la division, il y a une condition nécessaire et absolue à observer pour obtenir un résultat exact : c'est que toutes les opérations des quatre règles soient elles-mêmes exactes ; si l'une d'elles n'a pas été correcte, la solution du problème sera fausse. On voit de suite à quel point toutes les opérations d'addition et de soustraction, de multiplication et de division sont *solidaires* entre elles.

Cette solidarité élémentaire, saisissante, est identique à celle qui doit régner entre les opérations d'un problème social, lequel s'effectue nécessairement par les quatre principes de société : Famille, Travail, Propriété et Justice.

L'activité d'un peuple est finalement un problème

social en voie de résolution, qui a pour règles pratiques les quatre Principes fondamentaux de toute société : la Famille, le Travail, la Propriété et la Justice. Ces quatre Principes de Société, comme les quatre règles d'arithmétique entre elles, sont absolument et nécessairement *solidaires* dans leur fonctionnement. La Famille sociale mal pratiquée, le Travail entravé, la Propriété mal gouvernée, la Justice mal rendue aboutiront fatalement à un problème social faux. Et le but de l'existence du peuple sera manqué au point de vue de l'Humanité éternelle.

La SOLIDARITÉ SOCIALE est donc la Loi souveraine, qui relie les grands principes sociaux et qui féconde toute société.

La Loi de Solidarité Sociale peut recevoir une formule toute géométrique par la figure suivante :

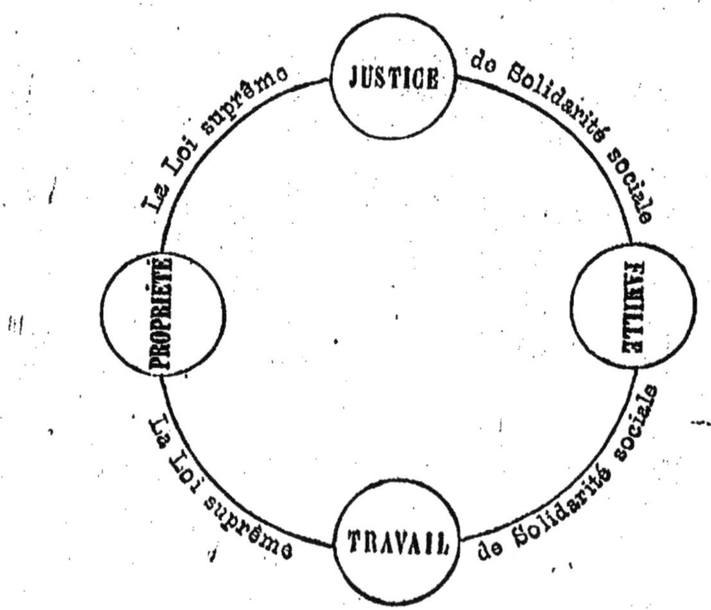

Otez la ligne absolue, sans commencement ni fin, qui rattache les quatre principes de société, il n'y aura plus de lien entre les principes qui resteront sans vertu. La société, livrée à l'insolidarité et à toutes les divisions, ne sera plus dans la vie, mais dans la maladie ou l'incohérence.

La Solidarité est donc la Loi nécessaire de la vie sociale véridique.

Conséquemment, de la SOLIDARITÉ, Loi absolue, souveraine et suprême de la Vie sociale, découlent tous les devoirs et les droits sociaux.

Tous les citoyens d'un peuple doivent exécuter correctement les œuvres de Famille, de Travail, de Propriété et de Justice, ordonnés par la Loi de Solidarité Sociale.

Les exécuteurs des œuvres du problème social remplissent chacun le rôle d'un chiffre vivant. Si une opération sociale est mal faite par la faute d'un opérateur, celui-ci aura joué le rôle d'un chiffre faux qui devra être redressé ou supprimé moralement. De là, nécessité d'une sanction à la Solidarité Sociale.

On voit de toutes parts l'ancien état social dépérir sans ressource, quelle qu'en soit la forme politique ; parce que la Loi morale de Solidarité est impunément violée par l'égoïsme triomphant du monde.

La Solidarité sociale est dite LA LOI SUPRÊME, parce que effectivement elle est l'essence même de la Société, et que nulle puissance divine ou humaine n'a le pouvoir de s'y soustraire sans violer la Loi de société morale éternelle, et sans en devenir justiciable.

De la Loi souveraine de Solidarité sociale, qui lie moralement entre eux tous les membres d'une même Société, découlent mathématiquement tous les devoirs et tous les droits de chacun.

Les devoirs résident dans le culte rigoureux des principes de famille, de travail, de propriété et de justice, dans toutes les opérations du problème social.

Si l'une des opérations venait à manquer dans son exactitude, le problème serait faux, et l'activité sociale manquerait le but.

La Solidarité, qui règne inévitablement entre toutes les opérations d'un même problème, ne peut tolérer la moindre inexactitude irréparable, sans cesser d'être la Loi Souveraine.

C'est pourquoi la Loi de Solidarité Sociale est absolue, et rend absolument solidaires entre eux tous les Membres de la Société Morale, qui sont les opérateurs du problème vivant de leur société.

L'opérateur qui agit à faux joue le rôle d'un chiffre faux ; la solidarité ordonne le redressement ou la suppression de l'un aussi bien que de l'autre, pour avoir un résultat exact.

Nul sociétaire ou citoyen ne peut donc échapper à la Loi absolue de Solidarité sociale.

Le respect de la Loi morale est étendu à toutes les fonctions sociales.

La force de la Société est dans la réciprocité morale et rationnelle des intérêts : *être utile aux autres, pour se les rendre utiles à soi-même.*

La solidarité sociale est la Loi Absolue des principes sociaux, dont le fonctionnement représente exactement la réciprocité universelle des intérêts, dans l'accomplissement de tous les devoirs et le respect de tous les droits.

La Loi suprême de Solidarité sociale garantie par elle-même dans son intégralité.

La transgression de la Loi de Solidarité sociale, qui doit être intègre dans les rapports sociaux de famille, de travail et de propriété, résulte nécessairement d'une disposition égoïstique, dont les effets jettent le transgresseur dans la *division*, dans l'esclavage du despotisme et dans tous les maux qui en sont la suite. Cette chute morale, qui livre le coupable à lui-même dans tous les égarements de sa conscience éteinte au sentiment de solidarité, est une opération vengeresse et réparatrice de la Loi suprême lésée et inviolable.

La conscience est la faculté de l'âme qui est de Nature Divine et éternelle.

La conscience est l'organe absolu et infaillible de la Justice Divine.

La conscience s'obscurcit chez les personnes en qui l'âme s'éteint au sentiment moral, de même que l'éclat et les propriétés métalliques s'effacent par la rouille ou des alliages qui dégradent le métal, sans détruire son existence éternelle.

Une conscience morte est la plus terrible des conditions ; elle n'échappe point à sa propre juridiction.

Par la perte du sens moral, elle se condamne, dans son aveuglement, à tous les maux dont les rigueurs lui sont nécessaires, pour sortir un jour de sa léthargie, à force de douleurs et de souffrances inhérentes aux existences inférieures où elle tombe.

C'est pourquoi les jugements même d'une conscience morte sont d'une infaillible justice. A tous ses degrés de réveil, la conscience est notre juge suprême.

Le violateur de la Loi, qui ne s'est pas amendé et qui épuise tous les effets de son égoïsme antisocial dans l'avarice, dans la vaine gloire des conquérants, dans la tyrannie financière et dans toutes les dominations, décrit fatalement un cercle qui le plonge au plus profond de l'abîme dans des existences misérables successives, d'où enfin, après la consommation de son égoïsme par le feu des douleurs, il remonte d'étapes en étapes, au prix de ses propres efforts et de toutes les épreuves possibles, à la vie solidaire de la Loi, qui devient la récompense de ses derniers efforts, après avoir été sa punition dans les régions misérables où la solidarité sociale est inconnue.

La Loi qui régit les sociétés, et qui harmonise tous les intérêts et tous les rapports de l'existence sociale, n'est qu'indiquée très-sommairement dans ce chapitre.

La Solidarité, Loi suprême de la vie, Loi divine et humaine de l'Evangile, loi de fraternité et d'amour, qui nous fait trouver le bonheur dans celui que nous procurons à nos semblables par la réciprocité des bons services, est exposée dans tout un travail qui sera publié en son temps.

De la Solidarité sociale découle la Morale sociale majeure.

Dogme de Morale sociale majeure

La Morale Sociale Majeure a pour Dogme l'inviolabilité absolue de la Loi suprême de Solidarité sociale.

La Solidarité est nécessaire au parfait fonctionnement de la Société dans les mutuelles opérations de Famille, de Travail, de Propriété et de Justice, parvenues à leur mode d'applications majeures.

De ce Dogme de morale sociale découlent tous les devoirs de société.

Des hautes vérités qui viennent d'être remises en lumière dans les paragraphes précédents, découlent la délimitation mathématique du vice et de la vertu.

Doivent être regardés comme vices, tous les actes contraires au respect rigoureux de la Solidarité sociale.

Doivent être considérés comme vertus, tous les actes accomplissant la Loi de solidarité sociale majeure.

La Société Morale Majeure est un culte incessant, rendu à la Loi souveraine et à ses éternels Principes de vie véridique.

Ce culte, obligatoire pour tous les citoyens, consiste dans la pratique soutenue des vertus nécessaires au fonctionnement normal des grands Principes de la Loi suprême de Solidarité sociale.

Code de Morale sociale majeure

Le Code de morale sociale majeure résulte tout entier de la Loi de Solidarité, qui oblige moralement les uns envers les autres tous les membres de la Société.

La loi de Solidarité est nécessaire à toutes les œuvres de Famille, de Travail, de Propriété et de Justice, pour obtenir l'Unité Sociale ; comme est nécessaire la solidarité entre les opérations d'addition, de soustraction, de multiplication et de division pour arriver à la solution exacte d'un problème d'arithmétique.

La solution cherchée du problème social par les œuvres de chacun, est l'unité d'intérêt de tous.

Tous les membres de la Société sont moralement solidaires entre eux.

Les devoirs et les droits de la Solidarité sociale constituent donc bien avec raison notre Code moral.

Les droits ne résultant que des devoirs accomplis, il sera d'abord question des devoirs à remplir.

Nos devoirs sociaux consistent à appliquer rigoureusement les grands principes de Famille, de Travail, de Propriété et de Justice *élevés à leur degré d'évolution majeure*, dans le parfait accomplissement de la loi de Solidarité morale.

De cette base de morale nettement déterminée et mathématique, résulte, comme nous l'avons déjà dit, la démarcation absolue du vice et de la vertu.

Sont réputées vertus sociales, nécessaires au fonctionnement harmonique de la communauté, toutes

les forces et activités physiques, intellectuelles et
morales de la personne humaine, concourant essentiellement au bonheur et à la prospérité de la famille
sociale, à l'exercice plein et entier du travail de tous,
au développement et à la jouissance légitime de la
propriété collective, enfin à la plus parfaite équité
envers tous les sociétaires, .

En conséquence, tous les citoyens doivent pratiquer les vertus sociales, implicitement déterminées
au paragraphe précédent, pour jouir légitimement
des droits et prérogatives de la Société.

Aux termes du Code moral, sont réputées vices
sociaux : toutes tentatives ou actions ayant pour résultat d'arrêter le développement des facultés humaines, physiques, intellectuelles et morales, nécessaires à l'accomplissement des devoirs sociaux, ou
d'empêcher le libre exercice des vertus sociales.

Tout vice social est justiciable et passible de la
juridiction morale.

La Juridiction morale, dont chaque citoyen est in-
vesti, est destinée à redresser les écarts personnels,
à moraliser les individus et à relever les caractères
par ses jurys d'honneur, placés sous l'Autorité morale suprême des mandataires de la Loi souveraine
de solidarité sociale.

Sanction disciplinaire et pénale
de la Morale sociale majeure

Les infractions à la Loi de morale sociale, que
les lois publiques n'atteignent pas, deviennent justiciables de la juridiction des citoyens entre eux.

En vertu de la solidarité, toute infraction à ses devoirs sociaux est une violation des droits d'autrui, et constitue une faute sociale.

La pratique des devoirs solidaires a donc besoin d'être rigoureusement disciplinée et maintenue par une sanction, afin de prévenir ou de réprimer leur infraction.

D'après le Code moral, toutes tentatives d'actions ou actes ayant pour résultat d'arrêter le développement de nos facultés physiques, intellectuelles et morales nécessaires à l'accomplissement des devoirs sociaux, ou d'empêcher le libre exercice des vertus sociales ; toute abstention volontaire et réfléchie ; toute force d'inertie contraire aux devoirs commandés par la loi de solidarité, sont passibles de la juridiction morale.

En tête de tous les vices répréhensibles est l'égoïsme inhumain, négation vivante de la Loi même de Solidarité.

Après l'égoïsme antisocial viennent :

L'Individualisme orgueilleux, négation vivante de la Famille sociale ;

La Paresse, négation du Travail ;

L'Avarice, négation des prérogatives inhérentes à la Propriété ;

L'Arbitraire, négation de toute Justice.

L'Egoïsme, vice universel de l'insolidarité ; l'Individualisme, la Paresse, l'Avarice et l'Arbitraire, vices cardinaux et leurs hideux cortéges, sont cause de tous les maux qui accablent le monde : L'envie, la haine, la vengéance, la médisance, la calomnie, l'ivrognerie, la malpropreté, le désordre, l'intempérance, l'orgueil, la vanité, la perte du sens moral, etc., sont de l'affreux cortége.

Aucun de ces vices, qui violent tous moralement la Loi et les Principes, ne doivent être tolérés dans la Société majeure de l'Humanité.

Le fonctionnement de la famille sociale, du travail mutuel, des intérêts et des droits collectifs de chacun exige des fonctionnaires rigoureusement exacts, qui ne troublent pas l'unité sociale, au même titre que les opérations arithmétiques veulent des chiffres vrais pour aboutir à la solution exacte d'un problème.

Les agents sociaux qui viendraient jouer le rôle de chiffres faux dans le problème social en action, doivent être rectifiés ou rejetés avec des soins rigoureux.

Cet épurement physiologique de la Société est l'œuvre efficace de la juridiction morale des jurys d'honneur.

La fonction délicate des jurys d'honneur n'opère pas avec la brutalité des chiffres, mais avec la lenteur douce et correcte de la vitalité.

Une faute accidentelle et irréfléchie ne sera point justiciable des jurys d'honneur, mais seulement toutes celles qui opposeront un obstacle soutenu et réfléchi au respect de la Loi et des Principes de la Société.

La juridiction morale procède graduellement par instruction, par conseil, par avertissement, par admonestation, par réprimande, par amende, par correction morale.

Elle ne frappe de flétrissure, de dégradation et de déchéance qu'après avoir épuisé tous les moyens de moralisation et de réhabilitation.

Aucune solidarité ne pouvant équitablement exis-

ter entre les fidèles observateurs de la Loi et ceux
qui la violent, l'épurement moral en permanence est
nécessaire.

Moralisation sociale majeure

La Solidarité sociale, qui est le lien nécessaire des
quatre grands principes de société morale éternelle,
est essentiellement moralisatrice, par la pratique
soutenue des devoirs sociaux ou vertus sociales
qu'elle impose et qui sont indispensables à chacun,
pour agir ensemble comme une seule personne, dans
le but commun des intérêts réciproques.

Telle est la puissance régénératrice des éternels
principes, qu'en progressant dans la voie de leurs
applications, ils deviennent les grands moralisateurs, seuls capables de tirer les hommes d'avenir
de l'égoïsme constitutionnel du monde, au nom de
la Loi suprême de Solidarité qui lie tous les membres d'une société morale majeure, et qui les oblige
à une mutuelle élévation de caractère et de vertus
publiques.

Les Jurys d'honneur institués par la solidarité sociale accentueront progressivement la *Révolution
Morale*, que la République attend comme la condition fondamentale de son existence.

Cette juridiction exerce un grand empire de moralisation sur les individus qui redoutent infiniment
plus une sentence de leurs pairs que le jugement de
magistrats avec lesquels ils n'ont pas de rapports
d'égalité et qu'ils ne fréquentent ou ne connaissent
pas.

Les institutions établies pour le rappel à l'accomplissement de la Loi de Solidarité morale élèveront l'homme d'une condition médiocre; elles ennobliront son caractère; elles réveilleront sa conscience au sens moral, et l'obligeront à la pratique des vertus sociales majeures.

Elles feront des hommes nouveaux, qui entendront un langage supérieur, et qui s'émouveront noblement aux inspirations élevées des grands citoyens.

La juridiction morale des jurys d'honneur, exercée pour la pratique des vertus majeures commandées par l'Education républicaine, ne concerne que la famille collective et solidaire de la République.

La famille privée est le sanctuaire impénétrable et souverain de la vie.

Il n'est pas plus permis de pénétrer dans la vie privée de la famille ou de l'individu que dans la conscience humaine.

Chacun est souverain en sa petite famille comme en sa conscience.

La famille privée est une conscience pour l'être collectif social, qui la respecte absolument.

A côté des faiblesses de la famille privée, se consomment, en silence, les plus grands sacrifices, ou s'exercent les plus hautes vertus, sous la seule juridiction de la conscience respective de chacun.

Cependant, sous l'action moralisatrice supérieure du culte de la Loi de Solidarité sociale, les consciences individuelles et les petites familles privées ne manqueront pas de s'élever à la hauteur des vertus morales majeures. L'individu se moralisera spontanément par la moralité de l'être collectif social.

L'ÉMANCIPATION HUMAINE

En vertu de l'Évolution majeure de la conscience humaine, le citoyen effectue lui-même sa triple émancipation physique, intellectuelle et morale.

A mesure que la lumière éternelle de la science du cœur pénètre l'être humain, il s'affranchit de la foi aveugle et de l'égoïsme, et fait graviter son âme vers la souveraineté morale de la conscience humaine;

Il s'affranchit de l'ignorance et fait graviter son esprit vers la souveraineté intellectuelle;

Enfin, il s'affranchit de la maladie et fait graviter son corps vers la souveraineté physique de la santé.

L'ordre d'émancipation humaine est d'être morale d'abord, intellectuelle ensuite, puis physique.

I. — ÉMANCIPATION MORALE

L'émancipation morale doit précéder l'émancipation intellectuelle et l'émancipation physique, pour présider au développement des deux dernières.

Car c'est de l'âme ou du cœur, son organe sensible, que part tout élan vers la liberté.

La Raison morale est au-dessus de la Raison intellectuelle, autant que celle-ci est au-dessus de la Raison physique.

La raison morale est tellement subtile par son essence, qu'elle échappe à tous les raisonnements de l'esprit non encore émancipé par les lumières supérieures de l'âme.

Ce n'est ni l'esprit, ni l'intelligence qui font la personne morale, c'est la conscience ou l'âme libre et juste.

La liberté et la justice sont les conditions nécessaires de la morale universelle et de l'affranchissement qui en résulte.

L'esprit humain, même le plus cultivé, n'arrive qu'au second rang d'émancipation humaine, s'il est encore entaché de servitudes égoïstiques et d'injustices, dont la raison morale du cœur peut seule le délivrer.

Les capacités intellectuelles prennent donc rang après les capacités morales.

Au troisième rang se placent les capacités physiques.

C'est pourquoi la Société Majeure de la République exige du cœur en première ligne, puis de l'intelligence et de la santé.

Les capacités morales du cœur sont la clef des deux autres émancipations.

Dès que vous serez moralement émancipés, vous aurez un esprit fort, toutes les autres libertés vous viendront comme par surcroît, parce que les servitudes imposées à la faiblesse n'auront plus de raison d'être pour vous.

Avec le haut et puissant caractère que donne le cœur pénétré de la conscience de vos âmes réveillées à la lumière éternelle, vous donnez vous-même à votre esprit l'instruction qu'il lui faut, et à votre corps la santé.

Quant aux servitudes de la Politique et du Capital, elles disparaissent d'elles-mêmes devant la véritable émancipation humaine, qui se les soumet.

Celles du capital par la conquête du capital lui-même au moyen du Travail majeur ;

Celles de la Politique des partis, en l'oubliant ou en n'y pensant plus, comme si elle n'était pas ; car la domination politique ne repose que sur la faiblesse du monde, que sur l'ignorance et que sur l'égoïsme. Hommes émancipés, hommes nouveaux, que pouvez-vous avoir de commun avec les faibles, avec les ignorants que vous laissez au-dessous de vous, bien bas dans l'esclavage de l'égoïsme ?

N'êtes-vous pas devenus les libres et grands citoyens de la Nature et de l'Humanité ?

Maîtres et souverains de vous-mêmes, vous vous élevez dans une région où ne pénètre ni esclavage ni domination.

Ce qui constitue l'état de fatal esclavage auquel sont condamnés les humains terrestres depuis des temps anté-historiques, c'est leur chute de la vie morale de liberté et de justice.

Cette chute vient de leur rébellion à la Loi et aux principes de la société morale éternelle, rébellion soutenue et perpétuée par le culte idolâtrique de soi-même, connu sous le nom vulgaire d'*égoïsme*.

L'égoïsme, violation directe de la Loi de Solidarité sociale, est le principe de tout mal, de l'arbitraire, de tous les despotismes, de tous les vices, enfin, de la tyrannie sur soi et sur les autres.

L'égoïsme est la source de l'esclavage et de la domination qui enchaînent le monde, les peuples et les hommes sous l'empire infernal de la fatalité.

Le monde est un enfer, et les hommes rivés par l'égoïsme à ses chaînes, sont des démons et des damnés.

Nul ne peut sortir de ce fatal esclavage que par la liberté, dérivant de la moralisation émancipatrice.

Dans la marche de cet éternel esclavage, il y a des heures suprêmes de délivrance pour les âmes qui se réveillent à la conscience morale universelle.

Nous sommes à un de ces moments solennels.

Gens de toute condition, qui aspirez sincèrement à l'émancipation humaine par la morale universelle, pour vous sonne l'heure suprême de la Liberté.

Comment allez-vous franchir le seuil souverain de la Liberté.

En abjurant tout égoïsme, et en le repoussant comme le crime capital de la société morale éternelle.

Parvenus dans le domaine glorieux de la Liberté et de la Justice par notre moralisation émancipatrice, nous sentons renaître en nous les vertus de la solidarité des âmes.

Une force vivante, organique, active, irrésistible et éclairée d'une lumière supérieure, absolue, se révèle en nous, dès notre délivrance des servitudes, et nous réveille à la conscience de nos devoirs, par notre communion avec les personnes libres et justes comme nous.

Les vertus sociales de la liberté, que ne connaissent point les esclaves ni les despotes, se développent par le commerce des hommes moralement émancipés, comme la puissance électrique par le contact des métaux.

Le réveil à la conscience de la solidarité a pour effet merveilleux de rendre l'être humain à sa valeur de virilité morale, et de faire éclater en lui une vie supérieure, par l'explosion des forces spirituelles qui étaient enchaînées par la tyrannie des vices issus de l'égoïsme.

Au réveil de nos facultés spirituelles éclôt soudainement un sens moral tout nouveau, l'intuition de la Vérité, le sentiment vrai du juste, la volonté indomptable du bien, un besoin universel de méthode et d'exactitude géométrique dans toutes les opérations de la Vie, une soif de grandeur et de prospérité pour tous, un amour de fraternité *effective*, un sentiment profond et inconnu de solidarité qui nous fait chercher notre bonheur dans celui que nous procurons à la famille sociale.

Comme alors les étroites et mesquines prétentions de la personnalité égoïste paraissent viles et méprisables ! Honteuses d'elles-mêmes, elles s'effacent bientôt; elles sont brûlées et consumées par le feu ardent et généreux des âmes.

Malheur aux réfractaires à la flamme régénératrice ! Ils retombent, comme la cendre éteinte, lourdement accablés sous la chaîne glacée des servitudes despotiques.

II. — ÉMANCIPATION INTELLECTUELLE

Livrons-nous à la culture de notre esprit, avec toute liberté d'examen et de conscience.

Découvrons l'erreur et le mensonge partout où ils se glissent.

Faisons un sévère examen de l'état du monde, tel que nous le tenons de nos Tuteurs passés, afin que nous puissions reformer en nous-mêmes une société nouvelle, et nous rendre aptes à la République.

Eclairons-nous à la lumière des sciences physi-

quos et naturelles, qui sont l'acheminement nécessaire à la Science universelle de Vie.

Nous marchons ainsi droit à l'émancipation de
l'esprit humain, qui vient joindre la souveraineté
intellectuelle à la souveraineté morale de l'âme.

L'esprit diffère essentiellement de l'âme.

L'esprit est de nature physique, l'âme est de nature divine.

Tout ce qui est divin n'est pas toujours moral,
comme tout ce qui est physique n'est pas toujours
juste.

La morale est la conformité à la loi et aux principes de la vie physique et divine.

L'Ame éternelle est susceptible de perdre sa lumière innée et divine et de la recouvrer, comme le
métal éternel est susceptible de perdre et de repren-
dre son éclat métallique.

L'Ame se démoralise, comme l'esprit tombe dans
l'erreur.

L'émancipation de l'âme est son réveil à la conscience morale universelle, c'est-à-dire à sa lumière
absolue, innée, éternelle de nature divine.

Dans cette condition de lumière souveraine, l'âme
éclaire l'esprit placé à son service, pour ses manifestations divines à la Vie physique.

Alors l'esprit ou la raison humaine, docile à tous
les bons sentiments de la conscience, à la raison
morale et universelle du cœur, éclairée de la lumière
supérieure de l'âme, perçoit les grands rapports de
nature divine, et s'élève à la conception de la raison
universelle.

Alors l'esprit humain majeur, œil véritable de
l'âme, transmet à la nature physique de l'homme les

images de nature divine qu'il réflète comme un miroir.

Les figures de nature divine, dans les *spéculations* toutes géométriques de la Science de Vie, de la synthèse, de l'analogie, du symbolisme universel, sont perçues par l'esprit avec toute la précision que les objets de nature physique sont perçus par l'œil du corps.

Dans l'un et dans l'autre cas, c'est un jeu de miroir (*speculum, science spéculative*), d'images ou figures perçues par l'imagination, réglées avec une précision mathématique.

Car l'imagination est la faculté virile de l'esprit majeur, qui n'a pas d'objet durant la minorité intellectuelle.

Notre Émancipation intellectuelle est le fruit de la raison humaine subordonnée à la raison morale du cœur.

Il faut à l'âme, réveillée à la conscience de sa nature supérieure, la Science Universelle de Vie.

La science et les œuvres qui n'ont pas un caractère d'universalité sont d'un esprit mineur, encore incapable de virilité morale et intellectuelle.

La souveraineté intellectuelle est le germe de l'âme souveraine greffé sur l'esprit humain cultivé par la science universelle.

La science universelle est un fardeau redoutable que l'esprit mineur ne pourrait porter.

Elle est un évanouissement de toutes les erreurs du monde.

Elle n'affirme que les démonstrations mathématiques de ses théorèmes.

Elle reste absolument étrangère aux affirmations

arbitraires de l'ignorance autoritaire et des traditions corrompues de la foi enfantine.

Elle est la maturité scientifique de l'esprit majeur, succédant aux illusions de l'esprit mineur et de l'enfance du genre humain.

Les perspectives ouvertes par la foi aveugle se ferment, jettent l'obscurité dans les âmes jusqu'à ce que le flambeau de la science universelle projette la lumière véritable et la vie véridique de l'Humanité sur la terre et dans les cieux.

Par la conception correcte et mathématique du système universel du monde, l'esprit, éclairé par la lumière morale de l'âme, voit en face les Vérités supérieures, la Loi et les Principes de la Vie éternelle dans l'unité des deux natures physique et divine.

Il contemple toutes choses avec justice et vérité, depuis les moindres détails de la vie jusqu'aux immenses projections de l'infini.

La voix de l'homme, parvenu à la souveraineté intellectuelle et morale, est la voix des siècles.

Sa lumière éclaire l'éternité.

Son souffle de vie est celui de l'univers.

Sa justice est la justice éternelle.

De quelle hauteur immense ne sommes-nous pas tombés ici bas !

III. — ÉMANCIPATION PHYSIQUE

La maladie retient votre corps en état d'esclavage.

Vous avez un besoin impérieux et pour devoir de vous émanciper de la maladie, qui vous retire vos capacités physiques pour le travail, et qui fait souffrir ceux qui vous approchent.

L'émancipation physique, c'est-à-dire la délivrance de la maladie, vous la trouverez dans l'étude et la pratique de la *Médecine Domestique Naturelle*, pour le triomphe et la vulgarisation de laquelle l'Institut de l'Emancipation Humaine a pris à tâche de fonder la NOUVELLE FACULTÉ DE MÉDECINE.

Résumé de l'Emancipation humaine

En résumé, l'émancipation humaine, telle qu'elle doit être entendue, est une multiple purification :

Elle purifie l'humanité des injustices qui la souillent, et nous donne l'harmonie de la société morale de l'Humanité majeure ;

Elle purifie l'âme de son égoïsme, et nous donne la souveraineté morale ;

Elle purifie l'esprit de son ignorance, et nous donne la souveraineté intellectuelle ;

Elle purifie l'unité physiologique de l'organisme humain des humeurs malsaines, et nous donne la santé ;

Elle purifie le corps de ses insalubrités, et nous donne la propreté extérieure.

L'état de haute perfection, à laquelle nous élève l'émancipation humaine, a pour conditions nécessaires les Vertus de la Liberté, dont le chapitre suivant fait l'objet.

Les vertus majeures de la Liberté
ou de l'Emancipation

La Liberté est un mot livré à la dispute des hommes de minorité intellectuelle et morale, qui en ignorent la signification véritable et la portée immense.

La Liberté est un principe de l'Humanité, c'est une vertu divine.

La personne humaine, décorée de cette sublime vertu, acquierre des puissances inconnues du monde de servitude.

La Liberté est la conquête de soi-même par la soumission de son égoïsme à l'accomplissement des devoirs et au respect des droits de la solidarité humaine.

Sous une luxuriante végétation de sève morale, la personne libre, rendue aux prérogatives et à tous les droits primordiaux de la Nature et de l'Humanité, étouffe en elle les mauvais instincts et les vices de la civilisation despotique.

La véritable Liberté nous délivre de l'ignorance, de l'erreur, des préjugés et attaches serviles du monde et de nos faiblesses.

La Liberté est connaissance, lumière, vérité, raison, force morale, et par dessus tout : justice.

La personne que n'enchaînent plus ni l'erreur, ni l'égoïsme, ni la haine, ni le fanatisme, ni les fausses pratiques du monde, est seule capable de jugements justes.

La Liberté est la condition nécessaire de la justice.

L'homme libre implique l'homme juste.

Un peuple véritablement libre serait un peuple de justes, phénomène inconnu de l'histoire, mais inhérent à l'existence de la Société morale majeure.

La Liberté est l'atmosphère divine des âmes.

Sans la Liberté, l'homme est incapable de la vue spirituelle des vérités morales supérieures.

C'est dans l'état de Liberté que la lumière supérieure revient à l'âme divine, dont le cœur est l'organe.

La personne libre et juste a la haute conscience des devoirs et des droits de sa double condition divine et physique.

Son âme se gouverne dans la liberté de conscience; son esprit dans la liberté d'examen; son corps dans la liberté de mouvement.

La Liberté est la condition même de l'existence majeure.

Il est aussi odieux de prétendre imposer des bornes à l'âme libre et infinie, que de défendre la logique à la raison et le mouvement au corps.

Qu'ils sont insensés les oppresseurs du juste, les ennemis de la liberté! Qu'ils sont criminels de vouloir soumettre ses droits souverains aux barbaries de la force despotique!

Ainsi le monde barbare fit-il du Christ; ainsi fait-il encore aujourd'hui de ses frères en l'Humanité!

Chrétiens, qui prétendez accomplir la loi divine de l'Évangile, fuyez tout oppresseur de votre âme, de votre raison et de votre corps.

Cessez de vous humilier béatement sous les fourches caudines du despotisme spirituel.

Si vous voulez être les véritables frères du Christ, marchez résolûment à la conquête de la Liberté, seule capable de vous conduire à la vie éternelle.

Ce n'est pas par la force, par la ruse, par la violence que l'on fait la conquête de la liberté, mais par l'énergie morale, par le sacrifice et une ferme volonté.

La liberté est un effort divin et permanent de l'âme, qui sait porter le poids de fortes et justes résolutions, et le fardeau de grands devoirs à remplir.

C'est la Liberté qui fait planer l'âme souveraine dans une atmosphère de vertus et de forces morales invincibles.

La régénération de l'homme est pour lui la condition fondamentale de la Liberté.

L'Homme, incapable de se régénérer par ses propres efforts et par des sacrifices, n'est point capable de se rendre libre.

'La force morale nécessaire à notre régénération ne consiste pas à refouler les revendications des droits de la Nature, ni à subordonner les droits de l'Humanité aux devoirs d'une fausse morale. Ce serait justifier la plus injustifiable violation des lois de la Vie morale, et la tyrannie si cruellement exercée sur nos sens et nos cœurs, toujours vrais et justes dans la pleine liberté de leurs vivantes fonctions.

La Liberté est le droit de remplir envers soi et envers ses semblables tous les devoirs de la nature et de l'humanité, qui condamne la fausse morale du monde et des religions arbitraires.

La Liberté est le droit absolu d'être reconnaissant pour les bienfaits reçus ;

Le Droit absolu d'aimer ses frères et ses enfants ;

Le Droit absolu de guérir ceux qui souffrent, de consoler ceux qui sont dans la peine ;

D'avoir pitié des malheureux ;

De glorifier ceux qui sont justes ;

De faire partout le bien ;

La Liberté est le Droit absolu de ne pas sacrifier à ce qui est faux, injuste et mauvais ;

De ne pas haïr ceux qui méritent notre affection ;

De ne pas nous rendre coupables de l'oubli de nos devoirs envers ceux qui y ont des droits ;

De ne pas verser le sang de nos frères ;

De ne pas écouter les cruautés de la haine, de la calomnie et de la vengeance ;

De ne pas avoir de complaisance pour l'égoïsme et l'orgueil des uns, ni pour les erreurs et les préjugés des autres.

La Liberté, en un mot, est le droit absolu de proclamer la loi suprême de solidarité fraternelle, d'en affirmer et pratiquer les principes divins sur la terre, au sein de la société morale majeure.

La Solidarité est la loi suprême de l'Homme libre et juste.

Hors la Solidarité, règne partout l'oppression et l'injustice.

L'Homme libre et juste ne peut vivre dans un monde où sa loi n'est ni connue, ni respectée, et il s'en retire.

Les devoirs et les charges de majorité sociale

La Liberté est un fardeau par les devoirs qu'elle impose.

L'âge de majorité sociale est caractérisé par les institutions nouvelles, qui donnent charge aux bons citoyens d'administrer eux-mêmes leurs intérêts réciproques, sous l'autorité et avec toutes les obligations de la Loi de Solidarité sociale.

La JUSTICE est le dogme fondamental de la Société majeure, au même titre que la FRATERNITÉ était celui de la Société mineure.

Sous l'Autorité paternelle, les mineurs devaient se supporter les uns les autres, et rester unis aveuglément dans les liens de la fraternité. S'il n'y avait eu ni tolérance, ni mutuelles concessions, s'ils avaient vécu en hostilités, divisés les uns contre les autres sans se pardonner, la Société mineure n'aurait pas été possible.

C'est pour cette raison qu'à la naissance de la Société chrétienne, dont les membres devaient rester mineurs moralement jusqu'à la majorité sociale, la fraternité a été commandée comme le premier des devoirs à remplir.

Mais parvenus à la majorité morale, les membres de la société relèvent plus de la Loi qui leur confère un droit nouveau, la Liberté, impliquant nécessairement le devoir d'être juste.

Car il n'y a pas de liberté sans justice.

L'âge précédent a dit à l'Humanité mineure : Aimez-vous les uns les autres ; c'est l'enseignement qui convenait à l'enfance.

L'âge nouveau dit à l'Humanité majeure : Soyez justes les uns envers les autres.

Amour pour les enfants et l'innocence.

Justice pour les hommes faits et responsables.

Le premier devoir des hommes libres est de laisser

les vieilles sociétés à elles-mêmes, et de ne pas s'immiscer à l'œuvre de leur propre destruction.

Les hommes libres sont les ouvriers de la vie et non ceux de la destruction.

Leur tâche est de construire le grand édifice social de l'avenir.

Chrétiens, mineurs du monde catholique, on vous a dit : Aimez-vous les uns les autres.

Aujourd'hui, fils majeurs de la Société, on vous dit : Travaillez les uns pour les autres.

Aux sentiments stériles de l'innocence doivent succéder les œuvres fécondes.

L'heure a sonné de rendre effectif l'amour fraternel.

L'Esprit qui préside aux grandes évolutions de la Vie sociale arrive et vous dit : Travaillez les uns pour les autres, mais travaillez avec discernement ; travaillez en hommes libres ; et, à votre titre de chrétien, ajoutez le titre nouveau de Francs-Travailleurs.

Chrétiens, Francs-Travailleurs, l'Esprit de Vie vous apporte la puberté morale ; fécondez-vous en grandes œuvres sociales.

Durant la société mineure des monarchies, les quatre grands principes sociaux étaient institués autoritairement : l'autorité gouvernait la Famille sociale, dirigeait le Travail, administrait la Propriété, et rendait la Justice.

Sous le régime de la Société majeure, tous les citoyens concourent également, par la voie des majorités élues, au gouvernement de la Famille, à la direction du Travail, à l'administration de la Propriété et de la Justice.

Les vertus propres à l'âge de minorité ne suffisent plus à l'âge suivant de majorité sociale.

Une obéissance et une soumission passive, une foi et une confiance aveugles, l'insouciance du lendemain, le soin du pain quotidien laissé à la sollicitude du père et de la Providence, sont des vertus d'enfants et de mineurs, qui ne sont plus de saison chez les citoyens chargés du soin de leurs destinées.

Des vertus nouvelles, des devoirs nouveaux sont imposés par l'investiture d'un droit nouveau.

A l'obéissance et à la soumission passives doivent succéder les résolutions viriles, les ordres de soi-même et leur exécution active.

A la foi aveugle doit succéder la foi éclairée par la science et l'expérience.

A l'insouciance de la jeunesse doit succéder la vigilance de l'homme mûr et prévoyant, pour tous les grands intérêts sociaux, desquels seuls doit découler l'intérêt particulier.

A la confiance candide doit succéder un examen approfondi de toute situation, soit permanente, soit éventuelle; et en maître, le citoyen doit avoir l'œil ouvert partout.

Les personnes qui réunissent, même au plus haut point, les vertus mineures, et qui voudraient continuer de vivre en état de minorité sociale, soit parce qu'elles ne sentent pas encore en elles les vertus viriles, soit parce qu'elles trouvent plus commode d'être sous la direction autoritaire, tombent dans une grande illusion, par suite de leur ignorance des temps solennels où nous sommes arrivés.

Les Tuteurs de la Société chrétienne n'ont plus de mission divine. Toute autorité spirituelle et temporelle n'est plus de ce temps. Il n'y a plus que des vertus personnelles.

La constitution autoritaire de la Société chrétienne est supprimée, pour faire place à la nouvelle constitution, établie sur le droit de majorité sociale.

Il n'y a plus d'institutions véritablement paternelles pour les Mineurs. Il n'y a pas de milieu. Il faut que les Mineurs s'élèvent par leurs propres efforts aux vertus de la morale majeure, ou qu'ils retombent sous tous les despotismes de la barbarie : l'arbitraire pour justice, l'égoïsme pour famille, le fainéantisme pour travail et la fortune privilégiée accumulée dans quelques mains pour toute propriété.

Ou gravir les degrés de l'Humanité progressante dans la grande évolution sociale, ou retomber dans les temps barbares; il n'y a pas d'autre choix à faire pour les Mineurs, en ces temps suprêmes de justice universelle.

Les Mineurs vertueux ont à faire sur eux-mêmes de grands efforts pour acquérir les Vertus Majeures. Mais qu'ils se tranquillisent, la moindre aspiration de leur cœur vers une existence de Justice et de Vérité assurera leur salut; car c'est leur conscience qui aura prononcé en faveur de l'avenir et du salut.

L'émancipation morale est justiciable de la Loi morale universelle. L'homme devenu Majeure doit la connaître, l'observer et la respecter. Il n'avait pas besoin de la connaître dans son âge de minorité et de servitude. C'est pour cette raison qu'elle ne lui a pas été révélée dans les temps de minorité sociale. Jusqu'à l'époque actuelle, il ne relevait pas de la Loi morale universelle : on lui *pardonnait,* on lui faisait *grâce,* comme à un enfant.

Le régime protecteur du pardon et de la grâce cesse, à partir du jour où l'homme devient maître de lui-même par l'émancipation morale et intellectuelle.

Dès que l'heure de la majorité des esprits sonne, ils cessent d'être justiciables de la morale conventionnelle des religions qu'ils délaissent.

Alors les consciences ne relèvent plus que d'elles-mêmes et de la justice éternelle.

Les Chrétiens émancipés n'ont plus de Providence qu'eux-mêmes; ils se gouvernent à leurs risques et périls.

Malheur à ceux qui n'ont pas encore acquis la connaissance, la force morale et la prudence, ni l'expérience de la Liberté; ils trébuchent ou tombent sans protection, sous la sévérité inflexible de la Loi suprême de vie dont ils sont justiciables. Tombés, il faut qu'ils se relèvent par leurs propres efforts.

Il n'y a plus alors ni excuse, ni indulgence, ni pardon; ils subissent les arrêts de la Justice éternelle.

Aux Travailleurs dans le réveil à la conscience de la Liberté

La liberté n'arrive que par l'affranchissement de soi-même.

Il est plus difficile de s'affranchir de soi-même, de son ignorance, de ses préjugés, de ses vices que de la tyrannie d'autrui. Celle-ci n'est plus rien quand on s'est rendu maître de soi-même.

Heureux les affranchis d'eux-mêmes ; ils ne sont pas réfractaires à la lumière supérieure des âmes libres, la seule qui moralise l'homme et qui fonde les caractères.

Si les esclaves ne conviennent point à la liberté, les insubordonnés ne lui conviennent pas davantage ; il ne suffit point de secouer l'autorité du maître pour se dire ou se croire libre. Le bon serviteur est plus proche de l'émancipation.

Quand vous ne voulez plus vous soumettre à la direction des autres, il faut avoir en vous les vertus nécessaires à votre propre direction, et avoir assez de caractère pour vous imposer une règle de conduite.

Pour être à la hauteur de l'Emancipation sociale, vous avez besoin de prouver, que votre répugnance invincible pour la condition passive de servitude tient à une évolution progressive de votre être, et que vous êtes mûrs pour la liberté.

Si vous ne mettez pas en œuvre les vertus nécessaires à la liberté, vous vous condamnez à retomber fatalement plur bas dans l'esclavage, où languit tout homme incapable de se conduire soi-même.

Travailleurs, qui trouvez trop amère la coupe des servitudes du passé, et qui voulez boire à celle de la liberté, apprenez-en les charges et les devoirs virils.

La première condition d'un libre ou franc travailleur, c'est d'émanciper lui-même le Travail par ses propres vertus, par son intelligence et par sa conduite.

Ouvriers, qui voulez franchir la ligne du salariat, si vous ne prenez l'initiative de vos actes, et si vous ne faites votre devoir de toutes les conséquences qui pouvent en résulter, vous n'êtes pas mûrs pour le Travail libre; vous êtes encore mineurs de l'esprit et de l'âme, vous êtes incapables des lourdes charges de la liberté; restez les esclaves du maître.

Toutes les amertumes de cette condition soumise continueront fatalement de vous abreuver, jusqu'au jour de votre réveil au noble et fier sentiment de la liberté morale, et à la force d'en porter le fardeau.

Travailleurs d'élite par le cœur et par l'intelligence, qui voulez sortir de l'esclavage, de la misère, et devenir vos maîtres par vos œuvres, pour vous établir dans la dignité humaine au souffle moral de la liberté et du devoir.

Levez-vous dans la lumière et la paix de vos consciences.

Les temps de résurrection à la vie morale sont arrivés pour vous; soulevez la pierre de vos tombeaux et secouez-en la poussière.

Appuyés sur le droit, rentrez en jouissance de vous-même.

Un long et douloureux passé s'est, pour vous, accompli dans la consommation des siècles.

Soyez les premiers et dignes représentants des temps nouveaux, qui seront la vie succédant à la mort, le printemps succédant à l'hiver.

Il faut que l'Avenir rajeuni se dégage du passé, comme la flamme se dégage de la cendre éteinte.

La flamme, c'est votre âme divine, éternelle, se réveillant à la conscience morale universelle.

La cendre, c'est la poussière du monde autoritaire.

Gens de cœur et d'intelligence de toute catégorie, prenez des résolutions viriles.

L'heure a sonné pour vous de sortir de la corruption et des ténèbres de la Nécropole des siècles d'ignorance et de servitude.

Au flambeau de la science éternelle de vos âmes, remontez dans la vie de liberté, sous la Loi et les principes inviolables de l'Humanité majeure.

C'est par le culte soutenu des Principes et de la Loi suprême de solidarité sociale que vos femmes et vos enfants ne connaîtront plus la misère ni la faim.

Citoyens Français, qui avez pour tâche historique de précéder les nations occidentales dans les voies régénératrices de l'humanité, votre pays souffre tant de la division et de la haine des partis, parce que leurs agissements sont une violation flagrante et permanente de la Loi et des Principes de la Société morale éternelle.

Vous avez pour devoir de vous montrer supérieurs aux autres peuples, dans la pratique des vertus sociales de la Solidarité.

Déposez l'égoïsme du monde,

Remplacez le culte sacrilége des personnalités égoïstes, par le culte de la Loi sociale souveraine.

Et vous tarirez pour vous et entre vous la source des maux qui accablent les hommes du temps.

Le despotisme, atteint de la maladie constitutionnelle et incurable de l'égoïsme, ne peut vous suivre dans le respect de la Loi et des grands Principes sociaux ; laissez le despotisme à lui-même ; mais sachez vous affranchir de ses servitudes moribondes, de ses tristes préjugés, de son aveuglement obstiné, de son ignorance humiliante, de ses vanités, de ses sottes gloires, de ses haines, de ses calomnies, de ses convoitises, de ses impuissances qui sont un travail de décomposition.

Détachez-vous du moribond se désagrégeant lui-même; reconnaissez-vous, au souffle vivant de votre aspiration pour un monde de justice et de vérité, basé sur l'amitié des hommes entre eux et sur la réciprocité des bons services.

Faites naître vous-mêmes, par votre mutuelle initiative, la Société Morale majeure, sur le principe de l'intérêt particulier subordonné à l'intérêt général, et sur le bonheur qui prend sa source dans celui que vous procurez à vos coreligionnaires.

Sous le règne d'une étroite solidarité entre vous, les faiblesses et les défauts qui prennent naissance dans la domination et la servitude, les vices politiques et sociaux s'évanouiront; parce qu'ils n'auront plus de raison d'être, et qu'ils ne pourront résister au culte de la Solidarité morale.

Par la même raison, les vertus sociales se révèlent et éclosent dans la nouvelle population travailleuse, rendue à ses devoirs et à ses droits de nature et d'humanité.

La dignité du bonheur, basé sur le devoir rempli, transfigure cette population pacifique, et en fait un peuple supérieur inconnu de l'histoire.

A l'Œuvre, et les cœurs debout, Artisans, Ouvriers, Artistes, Travailleurs de toute classe, dignes de l'avenir meilleur que vous avez pour tâche impérieuse de fonder, faites sur vous-mêmes les plus grands efforts, faites preuve du plus grand courage pour échapper au mal incurable et contagieux qui ronge l'ancienne société, et qui la rongera jusqu'à sa consommation finale, comme ont été consumées toutes les civilisations éteintes du globe, pour faire place à celles qui leur ont succédé.

Concourez à l'établissement des Institutions moralisatrices et régénératrices des éternels Principes d'Humanité, dans le mode de leur évolution majeure.

Laissez à eux-mêmes les partis fatalement livrés à l'erreur jusqu'à leur consommation.

Parvenus à la conquête des grands principes moraux de l'Humanité majeure, seuls absolument vrais et indiscutables, formons un Esprit National nouveau et véritablement français, Esprit créateur de la vie et du bien-être pour tous.

Que votre Loi soit réellement la Loi de l'Humanité, la Solidarité apportée en son germe par le Christ.

Que votre première maxime soit la condamnation absolue de tout recours à la violence.

Gardez-vous de la force. La force triomphe de la matière, jamais de l'Esprit. Soyez l'Esprit.

Travailleurs, précurseurs de l'avenir, laissons donc le monde à sa caducité. Sortons de son sein comme l'arbre vivant sort de la terre inerte.

Artistes et travailleurs français, toujours les pionniers de l'avenir, révélez-vous aujourd'hui dans votre ampleur. Ouvrez les bras et le cœur à l'immensité de votre tâche. Etonnez vos détracteurs par la virilité de votre vouloir, par la discipline et la morale supérieure de vos actes, par la maturité de vos jugements, par la taille de vos conceptions et par la justesse de vos maximes.

Ouvrez des temps nouveaux, en esprit et en vérité.

Par votre réveil au sentiment moral de la Liberté, vous commencerez à préparer les voies d'une renaissance sociale sur la Loi et les grands Principes de la Famille, du Travail, de la Propriété et de la Justice déployés dans leur phase de majorité sociale et devenus les moyens irrésistibles de moralisation majeure, sous l'inspiration des sentiments universels de la nature et de l'humanité.

Tous ensemble, dans un accord unanime, fondez par vos vertus la véritable République sur la terre, qui se prépare et s'embellit pour la recevoir, dans la merveille des grandes inventions du génie humain.

Laissez aux esprits mineurs les vertus de la Foi, de l'Espérance et de la Charité. Fondez la Société Morale Majeure sur la Science, sur la Réalité et sur la Solidarité.

Aussi éloignés des réactions affolées que des démolisseurs révolutionnaires, étrangers aux discussions stériles de la politique et aux luttes barbares de la guerre, établissez dans la paix universelle, dans le culte des vertus de la liberté et dans le travail la véritable république.

Le Travail, principe éternel de société, au même titre que la Famille, que la Propriété et que la Justice, est le grand libérateur de l'homme.

L'homme, tombé de la vie morale de liberté, n'y remonte d'étapes en étapes que par la peine et les fruits du travail physique, intellectuel et moral.

Travaillez, travaillez toujours. Là est votre salut, la genèse d'un monde nouveau et supérieur, par les œuvres de l'esprit nouveau.

Premiers Artisans de l'Œuvre de Vie, ouvriers du Salut, prouvons aux ennemis intérieurs et extérieurs de notre patrie qu'elle ne faillit point à ses divines et immortelles destinées, et que, trahie et livrée, elle marche encore à la tête des nations, dans les voies nouvelles de l'humanité ouvertes par le Travail et l'Industrie.

Travailleurs éclairés de toute condition, qui voyez percer l'avenir de l'Humanité Triomphante à travers la tempête, mettez-vous à l'œuvre sans retard. Si vous perdez une heure, une heure irréparable, ce beau ciel d'espérance se ferme pour vous, et le gouffre d'une civilisation morte, entièrement morte à la conscience du droit, de la justice et de la morale de l'humanité, s'entr'ouvre pour vous engloutir dans les eaux impures de la décomposition sociale.

La planche de salut vous est tendue.

Si vous ne la saisissez vite, vous coulez à fond dans le puits de l'abîme de tous les genres de despotisme.

Vous êtes avertis. Gens de cœur, entendez ! Les temps sont suprêmes : ou retour aux barbaries de l'esclavage, ou l'Emancipation par les vertus de la Liberté.

LA COLONIE MODÈLE

DE

RENAISSANCE SOCIALE

La forme sociale sous laquelle nous parvenons à résoudre le grand problème de tranformation de l'Humanité à l'état de constitution majeure, a pour base un droit primitif, reconnu par les législations anciennes et modernes, et déterminé par les art. 1838 et 1839 du Code civil, sous le nom de *Sociétés universelles de Gains et de Biens.*

La Jurisprudence française, sur ce point, est un emprunt fait au Droit romain, dont les auteurs font remonter les Sociétés universelles à la plus haute antiquité.

Ces Communautés ont laissé une tradition de prospérités et de richesses sans exemple.

L'organisme et les vertus sociales nécessaires au fonctionnement des Sociétés universelles de Gains et de Biens ont fait défaut à nos temps historiques, qui, ne pouvant les réaliser, les ont conservées à l'état de lettre morte.

Des études récentes sont venues combler cette lacune des siècles passés. Elles nous reconstituent les Sociétés universelles de Gains et de Biens et leur rendent Vie, sous forme de Société colonisatrice supérieure ou de Colonies de renaissance sociale, agricoles, industrielles et manufacturières, établies en grands Centres de Production et de Consommation.

Le fait réalisé des grandes Associations de Gains et de Biens nous conduit à tous les genres de prospérité matérielle et morale, en vertu des éternels principes de Société : Famille, Travail, Propriété et Justice, *parvenus à leur mode d'application majeure.*

Nous allons voir effectivement ces quatre grands Principes sociaux se déployer dans une phase évolutionnaire plus élevée, et devenir les moyens irrésistibles d'une moralisation supérieure et de la création de Biens immenses.

La Société universelle de Gains et de Biens se constitue essentiellement :

1º Par la PROPRIÉTÉ *collective*, à laquelle se subordonnent les intérêts particuliers des associés ;

2º Par la FAMILLE *sociétaire*, dont relèvent les familles particulières qui la composent ;

3º Par le TRAVAIL *majeur*, assujettissant à son organisation réciproque toutes les activités personnelles ;

4º Par la JUSTICE *morale*, présidant à tous les rapports des associés entre eux, dans l'heureuse disparition de tout antagonisme et procès d'intérêts.

Les quatres principes sociaux ainsi portés à un nouveau degré de puissance évolutionnaire, déterminent une haute moralité par la pratique soutenue et obligatoire des VERTUS SOCIALES, *nécessaires à chaque associé pour agir ensemble comme une seule personne dans le but commun de l'Association.*

Telle est la puissance régénératrice des éternels

principes, qu'en *progressant* dans la voie de leurs applications, ils deviennent les grands moralisateurs et les grands dispensateurs de la richesse, seuls capables de tirer les hommes d'avenir de la misère et de l'égoïsme constitutionnel du monde, au nom de la Loi suprême de Solidarité qui découle de ces principes et qui lie tous les membres d'une association morale majeure.

C'est ainsi que le salut de l'avenir réside dans l'existence *collective* des classes travailleuses, substituée à l'individualisme corrompu et stérilisant du monde.

Notre Société, type d'une Communauté chrétienne *majeure*, offrira un refuge assuré aux personnes de cœur et d'intelligence contre l'égoïsme incurable du monde et les maux qu'il engendre.

Ces véritables institutions régénératrices manquent en France et partout; parce que l'organisation administrative, propre à ces grandes Institutions, n'avait pas encore été conçue ni formulée.

C'est parce que le monde n'a pas été vivifié par ces institutions régénératrices, qu'il tombe fatalement en décomposition.

La Nation qui verra la première ces Institutions de l'avenir se former dans son sein, donnera l'impulsion de la véritable Renaissance sociale; parce qu'elles conduisent effectivement à la pratique obligatoire des VERTUS SOCIALES, nécessaires à l'association *agissant comme une seule personne* dans son but arrêté d'avance et nettement défini, selon les termes mêmes de la définition si claire et si nette du Code français.

La vitalité morale, si affaiblie de nos jours par l'individualisme à outrance, ne renaîtra jamais que d'une *existence collective, solidaire, retrempée à la source et au progrès des principes*, dans son fonctionnement et son règlement de vie intérieure.

Des quatre principes fondamentaux de la Société universelle de Gains, élevés à leur puissance majeure, et réalisant par leur mutuel fonctionnement le problème sociétaire, découle la Loi sociale suprême, *la Solidarité*, Loi aussi nécessaire au jeu des quatre principes sociaux, qu'elle l'est aux quatre opérations concourant à la solution d'un problème arithmétique.

De la Loi de Solidarité, qui lie tous les associés entre eux, dérive pour chacun d'eux l'obligation absolue du plus parfait fonctionnement possible de la Famille, du Travail, de la Propriété et de la Justice morale, par la mise en œuvre des devoirs et forces personnels concourant à ce parfait fonctionnement.

Les devoirs de famille, grandis de toute la distance d'une petite famille privée à la grande famille sociétaire; ceux de propriété et de justice grandis dans les mêmes proportions, élèvent nécessairement chacun des associés à la pratique des vertus sociales commandées par la Solidarité, qui leur fait gravir les degrés d'un caractère supérieur.

Le principe du Travail n'a pas une importance moindre que les trois autres. Son organisation majeure vient agrandir les chantiers de l'activité humaine, et lui donner une impulsion créatrice de biens et de richesses inconnue des Etats politiques.

Organisation majeure du Travail dans la Colonie modèle

Le Travail, principe éternel de société, au même titre que la Famille, que la Propriété et que la Justice, est le grand libérateur de l'homme.

L'homme, tombé de la vie morale de liberté, n'y remonte d'étapes en étapes que par la peine et les fruits du travail physique, intellectuel et moral.

Le travail ne peut être organisé, selon sa Loi souveraine, qu'entre personnes d'une même association, liées par des intérêts identiques, et obligées les unes envers les autres par la loi de Solidarité sociétaire.

La véritable organisation du travail, essentiellement-moralisatrice, ne peut reposer que sur une Association de Bons Travailleurs, assez forts de caractère et assez intelligents pour se soumettre eux-mêmes à la discipline qu'ils auront établie, et pour reconnaître leurs véritables intérêts dans la prospérité de la Colonie à laquelle ils appartiennent.

L'organisation mutuelle et majeure du Travail repose sur le droit de majorité sociale des travailleurs associés, et a pour base l'Unité Travailleuse dont il va être question.

Les Unités Travailleuses ou Pairies du Travail

L'Unité Travailleuse est l'élément organique de notre Association Colonisatrice, comme l'utricule est le premier élément physiologique de la végétation.

Les Unités travailleuses ou Pairies du travail constituent la trame organique de la Société Colonisatrice ou Colonie Modèle. Elles garantissent à la fois la promptitude d'exécution et la perfection des ouvrages.

Elles reposent sur le principe de la division du travail pour l'exécution la plus parfaite possible de chacune de ses parties, et sur la responsabilité directe, *individuelle et collective* de tous les travailleurs qui en sont chargés.

A la base sociale résident les Unités travailleuses élues au premier degré, ayant pour objet l'exécution des travaux de détail et de main-d'œuvre. Elles sont aussi dites Ateliers.

Viennent ensuite les Unités travailleuses intermédiaires ou du deuxième degré, dites bureaux, formées de présidents d'ateliers et chargées des écritures et de la direction sectionnaire des ateliers.

Au troisième degré d'élection apparaissent les Unités travailleuses, formées des présidents des bureaux et chargées des directions divisionnaires.

Enfin, au sommet administratif fonctionne le Conseil d'administration générale, élu au quatrième degré, c'est-à-dire formé des présidents divisionnaires. . . . .

Fonctionnement des Unités travailleuses

Les Institutions et Règlements de Vie intérieure des Colonies de renaissance sociale concourent à l'unité sociétaire, comme les fonctions du corps humain concourent à l'unité physiologique. De part et d'autre, le concours a lieu sous l'empire de la même loi de solidarité, dont les Unités Travailleuses nous donnent le type élémentaire.

De la base au sommet de l'Association, toutes les activités sont constituées à l'état d'Unité Travailleuse, et accomplissent séparément ou collectivement la Loi souveraine de Solidarité, dans les œuvres de Famille, de Travail, de Propriété et de Justice, de sorte que l'Unité Sociale se retrouve vivante et fonctionnante sur chaque point de la Société.

Cet aperçu très-sommaire du jeu physiologique des colonies de renaissance nous montre son centre de vitalité sur tous les points de son étendue.

Ce fonctionnement unitaire de la Vitalité sociale nous permet d'embrasser une Variété immense de travaux dont les détails ne pourraient jamais être compris dans une centralisation administrative.

Quelque multiple et variée que soit, chez nous, l'activité sociale, toutes les garanties d'ordre s'y trouvent partout réunies : l'initiative de solidarité, la capacité, l'intérêt particulier subordonné à l'intérêt général, la responsabilité de chacun et le contrôle de tous les sociétaires règnent à l'infini sur chaque point du travail et du mouvement.

A l'œuvre et à l'étude approfondie des Unités Travailleuses, on voit qu'elles constituent chacune un centre de Vie autonome, en même temps de Vie rayonnante et de Vie réfléchie, sous l'Autorité absolue de la Loi MORALE de la SOLIDARITÉ des Principes de Famille, de Travail, de Propriété et de Justice sociétaires.

Contrairement aux institutions mécaniques de la centralisation, nous faisons partir notre moteur économique de la base sociétaire de chacune ds Unités travailleuses primaires.

Le mouvement industrieux parti de la base, arrive généralisé au sommet de la société, où l'Administration supérieure est l'expression correcte des intérêts, des aspirations et des volontés de tous.

A tous les rangs au-dessous de l'Administration Générale, incontestable et incontestée, chaque Unité travailleuse fonctionne dans sa propre souveraineté et dans la plus parfaite harmonie avec l'Administration Générale, unité travailleuse elle-même et souveraine.

Rappelons les quatre ordres d'Unités Travailleuses ou Pairies du Travail :

1° Les Ateliers, unités primaires, ouvrières, formées au premier d'élection ;

2° Les Bureaux, unité de section ou intermédiaire, élues au douxième degré et formées des Présidents d'Ateliers ;

3° Les Directeurs Divisionnaires, élus au troisième degré, et formées des Présidents des Bureaux ;

4° Enfin, l'Administration générale de la Communauté, élue au quatrième degré, et formée des Présidents des directions divisionnaires.

Tous les membres et les Présidents des Pairies du Travail étant élus par leurs pairs, il en résulte que le Gouvernement des intérêts matériels de l'Association est un pouvoir issu du suffrage de tous les associés.

Mais au-dessus du Pouvoir élu, mobile et relatif des intérêts matériels, mobiles aussi, règne le Pouvoir Moral absolu des intérêts immuables de la Loi et des Principes éternels de Société.

Le Pouvoir administratif matériel garantit les intérêts matériels ; le Pouvoir moral garantit les intérêts moraux. Les Pairies du Travail transformées en Pairies de Justice ou Jurys d'honneur exercent un droit de juridiction morale sur l'Association. Les sentences sont révisables par l'autorité compétente, pour empêcher toute violation de la Loi et des Principes d'Humanité et du pacte sociétaire.

RAISON DE LA PROSPÉRITÉ ET DES GRANDES RICHESSES TRADITIONNELLES DES ASSOCIATIONS DE GAIN ET DE BIEN, INSTITUÉES EN COLONIES DE RENAISSANCE SOCIALE.

Cette raison de prospérité et de grandes richesses des nouvelles Colonies est :

Dans leur grand centre collectif de production et de consommation, effectuant les économies relatées plus loin ;

Dans leur affranchissement des charges excessives du capital ;

Dans leur fécondité inépuisable du travail en richesses de toute nature, par sa merveilleuse organisation sociétaire, identifiée à la pratique obligatoire
de toutes les vertus sociales, et devenue l'âme de
l'Association ;

Dans leur garantie morale non suspecte de tous
les Colons, tous ouvriers d'élite, travaillant pour
eux-mêmes.

Le charges de l'argent qui pèsent aujourd'hui partout sur les producteurs ne vont-elles pas trop souvent jusqu'à stériliser complètement la production.

Ne sont-ce pas les trop lourds frais de toute nature, ayant leur racine dans la question du numé-
raire, qui empêchent aujourd'hui la production
française, sur tant de points, de soutenir la concurrence étrangère ?

Nous avons trouvé un premier moyen de nous
soustraire à l'intervention d'un capital onéreux,
dans la concession d'un territoire, dont l'acquisition
en France nous eût coûté des sommes considérables,
et dont nous allons tirer parti de la fécondité en
Algérie, avec autant d'avantages, si ce n'est plus,
que s'il était situé dans la Mère-Patrie.

Nous avons cru superflu de rappeler les avantages
vulgaires, connus de tout le monde, résultant des
Centres collectifs du travail manufacturier et d'amé-
nagement domestique, tel que la force motrice cen-
tralisée au milieu de nombreux ateliers, l'eau, la
lumière et la chaleur distribuées partout dans les
petits ménages. Sous ces derniers rapports aussi,
notre Colonie est un modèle d'économie, dont il
n'existe encore aucun exemple.

Nous avions mis un instant en réserve l'explica-

tion des grandes richesses qui résultent de la consommation et de la production chez soi et par soi,
dans un grand centre familial, agissant comme une
seule personne dans un intérêt unique.

Nous sommes bien vite sorti de notre réserve, devant un devoir impérieux d'humanité et de progrès
universel à remplir.

La vérité supérieure dans ses solennelles manifestations, domine les jugements de l'erreur et déjoue
les fausses combinaisons de l'économie politique ré-
gnante.

Elle nous dévoile la doctrine désastreuse d'un prétendu équilibre de fortune et d'affaires à maintenir.

Ce prétendu équilibre est la plus choquante iné-
galité des intérêts, un renversement de justice et un
statu quo des plus criants abus qui enrichissent le
riche et appauvrissent le pauvre ; qui ruinent les
peuples et conduisent fatalement les Etats à la ban-
queroute ; qui arrêtent l'élan de l'industrie et dévorent le commerce ; qui tarissent les sources de la production et arrêtent l'essor de la consommation ; qui
violent en permanence les éternels principes de société, en retournant la Famille contre elle-même, en
stérilisant le Travail, en lésant la Propriété et le
Droit moral.

L'assiette actuelle des affaires et des intérêts n'est
autre qu'un effondrement général, un engloutisse-
ment des positions modestes et honnêtes par les appétits dévorants et l'âpreté de gain des gros enrichis ;
une débauche de finances ; une extermination des
petits industriels par les grands ; un commerce aux
abois ; la fraude et les falsifications à l'ordre du jour,
pour soutenir une concurrence effrénée ; partout le

bruit d'un monde qui croule au plus profond de l'abîme creusé par l'individualisme.

En réalité, il n'y a donc pas d'équilibre. Ce qui existe est une situation générale désespérée, sans remède ; un renversement, un cri de sauve-qui-peut universel, où l'égoïsme et l'insolidarité emportent toutes les parts et ne laissent rien à l'humanité.

N'est-ce pas un devoir absolu de projeter un rayon de Lumière sur les trésors inépuisables que nos grandes Associations ont le secret de produire, pour tous ceux qui y prendront part, et qui y trouveront un refuge contre les agissements convulsifs du monde.

Il n'y a plus à hésiter, il y a un grand devoir à remplir dans la divulgation de la cause des richesses merveilleuses, inhérentes aux Sociétés universelles de Gains et de Biens, et dont l'antiquité nous a légué la tradition.

Les secrets de la prospérité matérielle extraordinaire, qui attend nos Colonies de renaissance sociale résultent de leur grand centre de Production et de Consommation, et de l'absence de tout trafic au sein de la famille coloniale.

Nous allons donner successivement une démonstration des surprenants effets :

1° De la consommation en grande famille sociétaire ;

2° De la suppression des intermédiaires commerçants ;

3° De la production agricole par soi-même et chez soi ;

4° De la production industrielle et manufacturière en commun, appuyée sur la Production agricole ;

5° Du bon marché surprenant dans les prix de revient des produits manufacturiés ;

Enfin, de la Conquête du Capital par son propre jeu et sa loi.

Chacun sait par expérience qu'un célibataire, logé à l'hôtel, nourri au restaurant, dépense plus à lui seul qu'un ménage de quatre à cinq personnes.

Mais ce qu'on ne sait pas, c'est que quatre cents ménages, vivant en un centre collectif, réduisent les dépenses aux neuf dixième, pour ne pas dire moins encore.

Ainsi, un ouvrier seul, dépensant douze cents francs par an, pour être mal nourri, mal logé, mal habillé, et souvent privé du nécessaire, ne coûtera que cent vingt francs par an à la Colonie, habitera un véritable palais, sera nourri confortablement, habillé élégamment et aura toutes les joies moralisatrices de la famille privée et collective, au sein de toutes les abondances.

Où réside la raison d'économies si extraordinaires? Dans l'absence de tout commerce entre les membres de la Famille Coloniale, par suite de l'identité de tous les intérêts sociétaires.

Sortis de fabrique, les produits de consommation ne son renchéris que par les changements de mains ou les répétitions de la circulation monétaire entre vendeurs et acheteurs, qui impose une valeur fictive, double, triple, quadruple, décuple et souvent même au-delà de leur prix de revient réel.

Si aucun trafic n'avait lieu dans la production des

matières premières, ni dans l'acte de fabrication industrielle, les produits arriveraient à la consommation sans rien coûter, comme le pain, le vin, les fruits, etc., des champs du cultivateur, qu'il consomme sans débourser un centime.

C'est ce qui fait dire que les paysans vivent de rien, l'excédant de leurs récoltes, vendu au marché, suffisant pour payer les contributions et même pour augmenter le patrimoine de la famille.

Les Colonies communautaires réalisent l'idéal du cultivateur riche, élevé à la puissance de mille travailleurs d'élite, d'un vaste et fertile territoire cultivé dans la dernière perfection, et avec les ressources inépuisables de l'industrie manufacturière, dont les matières premières et la main-d'œuvre sont fournies, sans déboursé, par les produits du sol et le personnel de la Communauté.

Ce n'est pas tout encore. Nous sommes loin d'avoir épuisé la source de nos éléments de réussite exceptionnelle et de prospérité.

Nous allons plus loin que d'échapper au tribut des intermédiaires commerçants.

Que la Colonie soit composée de douze cents travailleurs, par exemple : laboureurs, ouvriers de tous états, artisans, joignant aux aptitudes et capacités nécessaires toutes les vertus sociales obligatoires, elle ne pourra pas, grâce à son organisation administrative admirable, ne pas fonctionner en toute perfection, à l'abri du contact corrupteur du monde.

Le tiers des travailleurs livrés à la culture des terres et à tous les soins ménagers, suffira largement et au-delà à tous les besoins domestiques de la Colonie ; de telle sorte que les deux autres tiers de travailleurs, déchargés des soins de leur nourriture, de leur logement, de leur habillement, de leur entretien, se livreront tout entiers aux travaux de la production manufacturière et industrielle.

Huit cents travailleurs, qui ne coûtent rien, au service d'une administration modèle, vont créer des produits intarissables, dégrevés de tous frais de main-d'œuvre, et dont la vente sera tout profit pour l'Association, les matières premières étant elles-mêmes tirées du sol de la Colonie.

Que l'on se figure, s'il est possible, les richesses qui vont jaillir d'une telle source de production !

Huit cents travailleurs d'élite, moralement engagés les uns envers les autres, travaillant pour eux-mêmes en toute liberté d'intelligence et de capacités, dans les attraits de la souriante fortune et sous la discipline des devoirs de la solidarité !

Nous laissons au lecteur le soin de calculer lui-même les millions de profits réalisés chaque année par notre première Association Colonisatrice en Algérie, ou dans toute autre contrée fertile de globe.

Telle est la révélation des avantages résultant d'un grand centre collectif de production et de consommation, fécondé par les vertus majeures de la Solidarité sociale et l'organisation administrative qui en découle.

On trouvera dans le premier volume paru de la Science Universelle de Vie, les institutions et le fonctionnement de la Colonie modèle de renaissance sociale, dont nous n'avons donné qu'une ébauche dans ce chapitre.

Le Ciel sur la terre dans l'Humanité majeure,
pour les justes deshérités des Biens du monde.
— Délivrance et Consolation.

L'établissement de l'Humanité Majeure dans les Colonies de renaissance sociale sera l'avènement du Ciel sur la Terre.

Dans l'heureux et solidaire séjour des nobles vertus des âmes souveraines, on entendra le chant des francs-travailleurs répéter :

« Nous récoltons pour nous les riches moissons que nous avons semées ;

Nous habitons les maisons que nous avons édifiées ;

Nous nous vêtissons des étoffes que nous avons tissées ;

Nous nous alimentons des mets salubres que nous avons préparés ;

Nous jouissons des industries que nous avons créées ;

Du prix de nos inventions nous sommes récompensés ;

L'humanité est notre famille ;

L'univers est notre patrie ;

La mort pour nous est une transmigration de nos âmes dans leur pérégrination éternelle sur les mondes harmoniques des cieux. »

Gens de cœur et de saine raison, laissez à son abîme la vieille société corrompue.

Le jour de la Délivrance et de la Consolation arrive pour vous, qui saurez en profiter.

Par votre départ pour les colonies de l'Humanité Majeure, vous allez sortir du feu dévorant des douleurs, où l'on souffre sans espérance tous les iniquités jusqu'à l'heure de la mort!

Vous, que les injustices, les sacrifices impies, les vices et les prétendues vertus du monde n'ont pu corrompre ni assimiler à sa constitution antihumanitaire, vous qui êtes restés dans ce monde comme des étrangers, sans participer à ses vains honneurs et à sa fausse gloire, et qui aspirez ardemment à un monde meilleur, sans le connaître encore, réjouissez-vous, les forces saines de votre âme vous placent sur la Voie de la Vie supérieure que vous avez souvent désirée!

Vous, chers petits enfants de la Nature et de l'Humanité, que le monde prive d'une protection paternelle, et que la Société mondaine repousse de son sein, vous trouverez, dans tous les membres de la Société Morale Majeure, un père, une mère, un frère, une sœur qui vous ouvriront leurs bras et leur cœur affectueux!

Vous, pauvres mères, séduites par les promesses mensongères, et cruellement repoussées dans les souffrances et les sollicitudes de la maternité, sous l'injuste mépris du monde; vous aussi, épouses du cœur, victimes des convenances mondaines qui assujettissent le saint mariage à un marché d'argent, vous rentrerez dans vos droits de Nature et d'Humanité sous l'égide de la Morale universelle!

Vous, filles et femmes pauvres auxquelles l'économie sociale du monde refuse le salaire indispensable qui vous placerait à l'abri des piéges tendus à la faiblesse et à la cruelle nécessité, relevez vos cœurs et vos fronts, et venez prendre part à la communion du travail et à la table de nos colonies rémunératrices !

Vous, pères et mères de famille, au courage éprouvé, qui, malgré vos fatigues, vos veilles et vos privations, ne parvenez pas à donner le nécessaire de l'existence à vos enfants, déposez vos cruelles inquiétudes, reposez vos cœurs; venez, vous et les vôtres, vous rassasier au banquet de nos communautés !

Vous, pauvres honteux, qui mourez de privations dans la solitude, parce que vous portez haut la dignité de votre personne, et que vous ne trouvez pas de travail rémunérateur, venez dans la solidarité sociétaire, vous soustraire à l'humiliante et dominatrice charité du monde !

Venez aussi, vous qui êtes aptes au travail, sans trouver le moyen d'utiliser vos aptitudes, et qui recevez une dégradante aumône pour ne pas vous suicider, ou pour soutenir la misérable existence de vos enfants !

Vous, jeunes gens, dont le cœur généreux s'est refroidi et glacé au contact de la sceptique et railleuse civilisation du monde, venez, et les nobles sentiments de la jeunesse reprendront leur chaleur dans le commerce de toutes les sincérités !

Vous, hommes jeunes, qui entrez dans la carrière de la vie, pleins d'ardeur et de foi aux grands principes de justice, de vérité et de bonté; et qui vous voyez méprisés, calomniés par l'injustice, le mensonge et la méchanceté du monde qui se rit de vos entreprises d'humanité, venez, et votre foi candide sera justifiée par les actes de solidarité des communautés coloniales de renaissance sociale !

Vous, qui êtes encore à la fleur de l'âge, que les révolutions et les déchaînements du monde ont surpris dans vos entreprises et laissé sans fortune, sans amis, sans famille; membres brisés de la société, mais avides d'une société et d'une existence nouvelles, hommes de vigueur et de capacités, venez aspirer la sève de vie véridique à la source inépuisable de nos colonies industrielles, qui cicatriseront vos plaies, vous rendront à la famille, à la propriété, et vous ouvriront une nouvelle et glorieuse carrière sur la terre. Vous surtout dont le courage ne s'est point abattu dans l'adversité, et qui avez regardé avec dédain les entraves du capital, venez; car il faut à l'humanité nouvelle des hommes éprouvés, des hommes qui ont pu traverser la boue du monde sans se corrompre, comme des métaux nobles ou des pierres précieuses qui conservent tout leur éclat dans le plus impur limon!

Fleurs de la jeunesse de l'un et l'autre sexe, qui craignez de voir vos parents cupides trafiquer de votre mariage, venez prendre rang dans le sanctuaire des familles de nos Communautés; vous éviterez les amertumes d'une union contrariée, et l'enfer domestique auquel le monde vous condamne à perpétuité!

Commerçants, qui pour soutenir l'honneur de vos affaires, êtes condamnés à vous dévorer mutuellement dans une concurrence à outrance, abandonnez cette œuvre barbare de division à ceux qui s'y complaisent; venez vous livrer aux féconds et pacifiques travaux de nos Sociétés communautaires de gains, qui répudient tout antagonisme d'intérêts!

Vous, qui gémissez de l'oppression d'autrui, et qui

sentez en vous les vertus viriles de la liberté et de l'émancipation, détachez-vous courageusement du monde, et vous serez capables d'entrer dans la Société morale majeure, où il n'y a ni domination ni servitude !

Vous, qui souffrez des erreurs de la justice et de la violation sacrilége des lois de la nature et de l'Humanité, en usage dans le monde fait de conventions arbitraires, venez à nous, et vous trouverez dans la vie intérieure de nos Communautés le culte et la consolation de l'éternelle justice, qui survit aux Etats et aux Empires !

Vous, les vaincus du Droit arbitraire, vous recevrez, dans les colonies de l'Humanité majeure la couronne du triomphe moral des victimes sacrifiées au Moloch du vieux monde !

Vous, les inconsolables de la perte douloureuse d'un membre de votre famille, qui vous lamentez dans le désespoir et l'oubli fatal du monde des vérités spirituelles, vous trouverez chez nous les consolations inépuisables de notre grande famille réveillée à la conscience et à la lumière des vérités éternelles !

Vous, les victimes affligées de votre impuissance à venir au secours de votre petite famille, de vos parents, de vos amis, des innocents, aux prises avec la misère et les humiliations que le monde prodigue aux malheureux, entrez dans nos Communautés, dont tous les biens et les trésors sont la propriété collective de tous leurs membres, et vous n'aurez plus sous les yeux le tableau déchirant d'hommes, de femmes et d'enfants en proie à tous les besoins; chacun y est rassasié matériellement et moralement !

Vous, qui épuisez prématurément vos forces et

votre vie, et qui voyez passer le fruit de vos sueurs
et de vos veilles dans le coffre-fort du financier qui
vous a prêté une petite somme sur hypothèque, vous
n'aurez plus à redouter ce tyran rongeur, dans nos
Communautés où le travail n'est plus entravé par le
manque d'argent, ni épuisé dans ses productions
qui restent tout entière aux travailleurs !

Vous, les Victimes innocentes de l'égoïsme du
monde et de tous les Vices sortis de l'égoïsme
régnant : l'avarice, la cupidité, l'arbitraire, la ruse,
la fourberie, le mensonge, l'hypocrisie, l'envie, la
haine, la calomnie, la vengeance et toutes les forces
désagrégeantes de la personne humaine, venez recevoir le dédommagement de tant de douleurs courageusement supportées et éprouvées sans revanche.
Parvenues au port du salut de l'Humanité, débar-
quées sur la terre de paix, vous n'aurez plus à lutter
contre les tempêtes du mal soulevées par l'égoïsme.
Dans les Comaines de la Société morale Majeure, les
Vices n'ont pas de raison d'être, n'ont plus de germes ni de racines. Ils y sont inconnus. Au milieu de
nous, vous ne serez plus humiliées, ni amoindries
par l'Orgueil, ni dépouillées par la Cupidité, ni sur-
prises par la Ruse, ni trompées par le Mensonge et
l'Hypocrisie, ni convoitées par l'Envie, ni menacées
par la Haine, ni défigurées par la Calomnie, ni
atteintes par la Vengeance. Il n'y a place et fonction
que pour les devoirs et les droits de la Solidarité sociale, qui donnent naissance et obligent sans effort à
la pratique de toutes les Vertus humaines et divines !

Vous qui avez été surpris dans les piéges de l'Esprit du Mal, tendus partout contre les Justes qu'il
persécute, vous qui conservez un souvenir mélanco-

lique de faiblesses et de fautes commises dans le concours de circonstances fatales, et qui les avez ainsi expiées par vos regrets et les tristesses de votre âme, venez à nous avec confiance; vous êtes justifiés devant le miroir de la Morale universelle !

Vous que le monde nomme les déclassés, si vous sentez en vous les dispositions naturelles à remplir tous les devoirs auxquels vous oblige la Solidarité sociale de nos Communautés de Renaissance, vous que la Justice aveugle a frappés, vous êtes absous par la Justice morale éternelle de l'Humanité, qui vous admet.

APERÇU SYNTÉTHIQUE

DE

L'ŒUVRE UNIVERSELLE DE SALUT

LA SOCIÉTÉ DE L'ŒUVRE UNIVERSELLE DE SALUT, dont la grandeur et la diversité des moyens convergent vers l'unité pratique de son but final, est dénommée INSTITUT DE L'EMANCIPATION HUMAINE, qui en rappelle le principe d'action.

Elle a son siège à la COLONIE DE LA SANTÉ, Mont-Valérien (Seine), en vue de Paris.

Elle fonde, comme moyen d'opération, l'UNIVERSITÉ LIBRE DE L'EMANCIPATION pour l'enseignement émancipateur de l'Homme, par ses TROIS FACULTÉS LIBRES :

De la Science Universelle de Vie;
De la Médecine Domestique Naturelle ;
Du Droit Universel.

L'objet de cet enseignement universitaire libre, tout nouveau, est de faire l'*Homme Majeur*, dans la pratique des mâles vertus de la Liberté, et de préparer ainsi le personnel de la COLONIE MODÈLE DE RENAISSANCE SOCIALE, qui formera le premier type et le premier noyau d'un peuple supérieur, transcendant, en d'autres termes, de l'HUMANITÉ MAJEURE.

Invitation aux Personnes de cœur et saine raison à coopérer à l'Œuvre universelle de Salut.

La Société de l'Œuvre universelle de Salut est ouverte à toute personne qui croit devoir y prendre part, selon ses moyens.

L'Œuvre qui doit sauver l'Humanité n'est pas d'un homme; elle est l'œuvre des siècles et des générations.

Elle a de faibles commencements; car elle est peu comprise des puissants de la terre, et a de grands obstacles à surmonter.

Elle sera une lutte longue, pacifique, patiente contre les résistances encore debout des temps accomplis de minorité sociale, contre l'arbitraire des lois et de la morale du vieux monde despotique, contre les appétits dévorants de la bête sociale, contre toutes les transgressions de la Loi de l'Humanité.

Plus la tâche est difficile, plus elle demande d'aides. C'est pourquoi il y a invitation expresse à coopérer à l'Œuvre de Salut.

Un devoir absolu de Solidarité humaine nous prescrit à tous des actes de courage dans un intérêt réciproque suprême: il y va du salut ou de la perte de l'Humanité sur la terre.

L'Œuvre Universelle de Salut est ordonnée par la Science Universelle de Vie, qui nous arrive pour sauver l'Humanité de la crise formidable qu'elle traverse, sans aucun précédent historique.

La Science libératrice nous révèle les moyens d'éviter l'abîme où tombe fatalement la civilisation moderne, et nous trace, avec l'autorité seule infaillible et toute scientifique de ses enseignements, les voies ascensionnelles de l'avenir. Elle nous prépare à un âge nouveau et supérieur par l'émancipation de la société chrétienne dans l'ÉVOLUTION MAJEURE des *Principes* et de la *Loi éternelle de l'Humanité*

L'Œuvre de Salut ne sera pas comprise des partis politiques et religieux, aveuglés par le fanatisme, entraînés dans la lutte des passions, et déjà donnant le signal de leur propre extermination. — Dans leurs cris de haine et de vengeance, quelle voix de la raison pourrait se faire entendre!

La collaboration à l'Œuvre de Salut ne peut donc être encore aujourd'hui que pour les personnes qui se tiennent en dehors et au-dessus des partis, ou qui s'en détachent.

Ces personnes sont invitées à ne pas attendre des jours de plus grand deuil pour s'identifier à l'ŒUVRE DE SALUT, et à se constituer en une sorte d'Ambulance Morale, qui recueillera les blessés et les mourants de la raison et de la conscience, dans la crise suprême de l'esprit humain où nous gémissons.

Après les combats, si inconsidérément livrés pour les droits de Dieu et pour les droits du peuple, les survivants, rendus à la saine raison, saisiront alors la planche de salut qui leur est aujourd'hui tendue inutilement sur le naufrage du monde, et aborderont enfin au port de l'Humanité Majeure, non sans surprise de la trouver en pleine harmonie de souveraineté divine et humaine dans ses Colonies de Renaissance Sociale.

LE JUGEMENT GÉNÉRAL DES CONSCIENCES

DEVANT

L'ŒUVRE DE SALUT DE L'HUMANITÉ

Les révélations de la Science universelle de Vie et l'effort suprême tenté pour le Salut de l'Humanité ouvrent, dès ce moment, les grandes Assises de la Justice éternelle, sous la magistrature des consciences.

La coopération ou le refus de coopérer à l'Œuvre universelle de Salut étant absolument libres, l'un et l'autre résulteront nécessairement d'un jugement de conscience, qui accomplira ou refusera d'accomplir un devoir suprême de Solidarité humaine.

De l'adhésion ou du refus d'adhérer à l'Œuvre de Salut, vont dépendre les destinées futures de chacun : pour les uns dans une direction vers les abîmes de l'esclavage, pour les autres vers les gloires de la liberté.

Tous les jugements seront d'une absolue justice : les consciences, réveillées au sentiment de la morale universelle, se trouvent alors éclairées de la lumière nouvelle qui ne permet pas l'erreur; celles qui sont aveuglées par la léthargie du sens moral et mortes à la voix des remords, se condamnent, en vertu même de leur aveuglement, à des existences expiatoires, aux souffrances qui leur sont nécessaires pour se purifier et se réveiller un jour au sentiment de la morale universelle. Telle est la Justice éternelle des consciences, qui répare et régénère éternellement les âmes dans la succession infinie de leurs existences sur les globes de l'univers.

C'est pourquoi, pour les consciences réveillées comme pour les consciences mortes aux devoirs absolus de Solidarité, commence une époque solennelle de justice divine, qui sera la glorification des uns et la condamnation des autres, en toute liberté de conscience.

Nul ne devant échapper à l'acceptation ou au refus de donner aide à l'Œuvre de salut de l'Humanité dans sa crise actuelle (1) et dans son établissement à l'état de *société majeure* (2), chacun prononcera son propre jugement.

Dans leur refus de contribuer à l'Œuvre de Salut commun, les mauvais riches surtout se puniront eux-mêmes par le jugement aveugle de leur conscience en léthargie, qui les condamnera ainsi à retomber plus bas et à se perpétuer dans leur monde de malheurs et d'expiation, sous le despotisme exploiteur de l'homme par l'homme.

L'expiation, tôt ou tard, dans les souffrances des peuples subjugués et esclaves, sera d'autant plus terrible que' durant l'âge de minorité chrétienne, les riches, dispensateurs des biens matériels, et les prêtres, dispensateurs des biens spirituels dans les

____

(1) Voir p. 104; — 2) voir p. 50 de la *Science de Vie.*

voies émancipatrices de l'Humanité, sont plus rigoureusement liés par les devoirs de la Loi de solidarité
humaine et sociale, et qu'ils ont reçu plus de richesses et de lumières.

Ces biens n'ont été donnés aux prêtres et aux privilégiés de la fortune que pour sortir les chrétiens
mineurs de l'ignorance et de la misère, pour leur
enseigner l'économie du travail, les élever dans la
raison universelle du catholicisme, et finalement les
constituer à l'état de société chrétienne *majeure*.

Voilà le pur enseignement évangélique. Comment
a-t-il été observé? L'état lamentable de la société
actuelle nous répond.

Que l'on médite ces chapitres du tome premier de
la SCIENCE UNIVERSELLE DE VIE : *Les abus et vices du
monde,* — *Le rôle inhumain du Capital,* — *La Légende
de l'Artisan,* — *Les mauvais Riches devant la Justice
éternelle,* — *Le Despotisme spirituel,* — etc.... on y
verra retracé dans toute son horreur l'asservissement
de l'esprit par l'ignorance, de la conscience par une
fausse morale, du corps par la maladie, de la société
chrétienne par toutes les misères les plus cruelles.

Tel est l'abime creusé par l'oubli des devoirs sacrés
de la Loi morale de l'Humanité, prescrits par l'Evangile aux Tuteurs, à l'Autorité paternelle de la jeune
société chrétienne !

Nous venons de voir comment la Justice éternelle
procède envers les coupables, que les remords de
conscience ne tourmentent plus, en les condamnant
par leur propre jugement, à tous les genres de supplice.

Par la perte du sens moral de leur conscience et
du sentiment des devoirs de la Loi de Solidarité

humaine, les transgresseurs endurcis de la Loi, inas-
similables à la vie supérieure de la Société morale
majeure, prennent les voies basses de domination et
de servitude sociales, qui aboutissent fatalement à
l'abîme despotique et barbare de tous les maux
expiatoires, dès cette existence et dans les suivantes,
jusqu'à des temps éloignés d'une future réhabilitation à la vie morale de liberté et d'Humanité, comme
l'engrais consommé renaissant à une nouvelle existence de la végétation terrestre.

Ces malheureux, condamnés par la justice divine
de leur conscience à de nouvelles et terribles épreuves, sont bien des réprouvés tombant au plus profond de l'abîme, qui les consumera au feu cuisant
de toutes les douleurs. Il n'y aura plus d'espoir de
salut pour eux; car, hors de la Société chrétienne
MAJEURE, seule véritable et réelle Humanité morale,
pas d'espérance de liberté, ni prérogatives de l'Emancipation humaine; partout, dans le vieux monde de
l'égoïsme et du despotisme qu'ils auront préféré, en
rétrogradant vers le passé dans la nécropole de la
mort, partout, pouvoirs coercitifs de la force et de la
violence!

Riches avares, mauvais riches, égoïstes endurcis
et sans cœur, pauvres prêtres asservis au despotisme
spirituel, indifférents de toute classe qui, dans votre
mépris des devoirs de la Solidarité humaine, refuse-
rez le moindre concours à l'Œuvre de Salut de l'Humanité, votre conscience, juge suprême, vous condamnera sans appel à retomber, tyrans ou esclaves,
dans l'abîme des douleurs expiatoires d'un monde
entièrement mort à la vie morale, et livré à toutes
les horreurs d'un cadavre social.

Mais vous, gens de cœur et de raison, de lumière et de progrès, qui aurez coopéré à l'Œuvre de Salut de l'Humanité et à la formation du premier noyau de Société Chrétienne Majeure, vous vous élèverez dans la gloire d'une existence sociale supérieure, dès cette vie, sous la sauvegarde des mâles vertus de la Liberté et des devoirs de l'Emancipation humaine.

CONSTITUTION

DE

L'ŒUVRE UNIVERSELLE DE SALUT

L'Œuvre universelle de Salut est constituée par deux Directions :

La Direction Morale et la Direction Exécutive.

I

Direction Morale de l'Œuvre universelle de Salut

L'objet de la Direction Morale est de donner une première impulsion à l'Œuvre de Salut dans chaque centre de population, par la formation d'un noyau d'adhérents au principe de la régénération de l'homme par l'Emancipation humaine ;

De réunir périodiquement ces Adhérents pour entendre la lecture en commun et la méditation de l'enseignement du *Salut de l'Humanité* ;

De préparer, par les relations personnelles des

adhérents, la formation des groupes d'initiative et la voie à des conférences publiques ;

De vulgariser *Le Salut de l'Humanité*, au point de vue exclusivement moral et scientifique, de faire paraître, au même point de vue, le *Journal de l'Humanité Majeure*, organe périodique de l'Œuvre Universelle de Salut, et de publier la Science universelle de Vie.

La Direction Morale, véritable société libre, est ouverte à toute personne qui adhère à son principe et à son but.

Toute personne, faisant intentionnellement preuve d'adhésion, est *membre adhérent* de la Direction Morale, et peut assister aux assemblées du Comité Consultatif dont il est question plus loin.

Tout membre adhérent, qui veut devenir *membre titulaire* de la Direction Morale, en fait la demande au Président du Conseil de la Direction et en reçoit le titre sous les conditions déterminées par le règlement.

Les membres titulaires forment le *Comité Consultatif*, chargé de l'organisation des groupes d'initiative et des conférences publiques, avec la collaboration des membres adhérents, et sous le contrôle du Conseil de la Direction Morale.

Le *Conseil* de la Direction Morale préside les assemblées du Comité Consultatif, pour recevoir ses avis sur les résolutions qu'il a à prendre, et pour exposer les hautes questions de l'Œuvre Universelle de Salut.

Les membres du Conseil de la Direction Morale sont nommés pour une année et sont rééligibles. Le Fondateur de l'Œuvre est de droit président du Conseil de la Direction Morale.

CADRE

DU CONSEIL DE LA DIRECTION MORALE

—

Président

M......

Vice-Présidents

M......
M......

Conseillers

M......
M......
M......
M......

Secrétaire général

M......

Archivistes

M......
M......

Tout membre de la Direction Morale, sur sa demande, recevra la liste des membres du *Conseil* de la Direction.

Les fonctions de membres de la Direction Morale sont honorifiques, mais des prérogatives précieuses y sont attachées :

1º Ne sont admis à souscrire et à participer à la Direction Exécutive de l'Œuvre universelle de Salut que les membres de la Direction Morale.

2º Tout membre de la Direction Morale, en récompense de services signalés rendus dans les débuts de l'Œuvre de Salut, est admis, sans aucune souscription, à bénéficier de la Direction Exécutive.

Toutes les fonctions et les emplois de la Direction Exécutive sont réservés à la disposition des membres de la Direction Morale.

Les dépenses de bureaux et de local de la Direction Morale seront supportées par la Direction Exécutive de l'Œuvre universelle de Salut.

II

Direction exécutive de l'Œuvre universelle de Salut

La Direction Exécutive est l'entreprise matérielle, la réalisation de l'Œuvre de Salut, entièrement distincte de la Direction Morale.

Les statuts de la Direction Exécutive sont communiqués aux membres de la Direction Morale, seuls admis à souscrire et à devenir sociétaires participants.

La Direction Morale et la Direction Exécutive réunies constituent l'Institut de l'Emancipation Humaine ou la Société de l'Œuvre Universelle de Salut.

AVERTISSEMENT FINAL

Vous qui avez déjà conscience de la gravité des temps, tenez-vous pour bien avertis : que personne ne peut se sauver seul ; que l'individualisme conduit fatalement à la perte ; que le salut de l'Homme est solidairement dans le salut de l'Humanité par la Lumière Nouvelle.

Eclairez-vous donc, sans éblouissement, comme sans fatigue. — Nourrissez-vous l'esprit et le cœur de courtes lectures souvent répétées, et de longues méditations de la Science de Vie et de Vérité, dont ce Livre est le fruit.

Les œuvres viendront ensuite sous votre propre action, comme d'elles-mêmes, qui seront le salut ; car sans les œuvres, pas de salut.

Regardez l'INDIFFÉRENCE comme le piége le plus dangereux tendu à des caractères élevés, qui auraient la prétention aveugle d'échapper à la Loi commune de l'Humanité.

A la lecture méditative du SALUT DE L'HUMANITÉ, vous qui en aurez senti vivement par le cœur et compris par l'intelligence les vérités supérieures et absolues d'intérêt réciproque universel, travaillez à son accomplissement, comme pour vous-mêmes, selon vos moyens respectifs. Vous participerez à l'abondance inépuisable des biens moraux et matériels qui en résulteront et qui seront votre juste récompense.

Paris. — Imp. Duval, rue d'Arcet, 26.